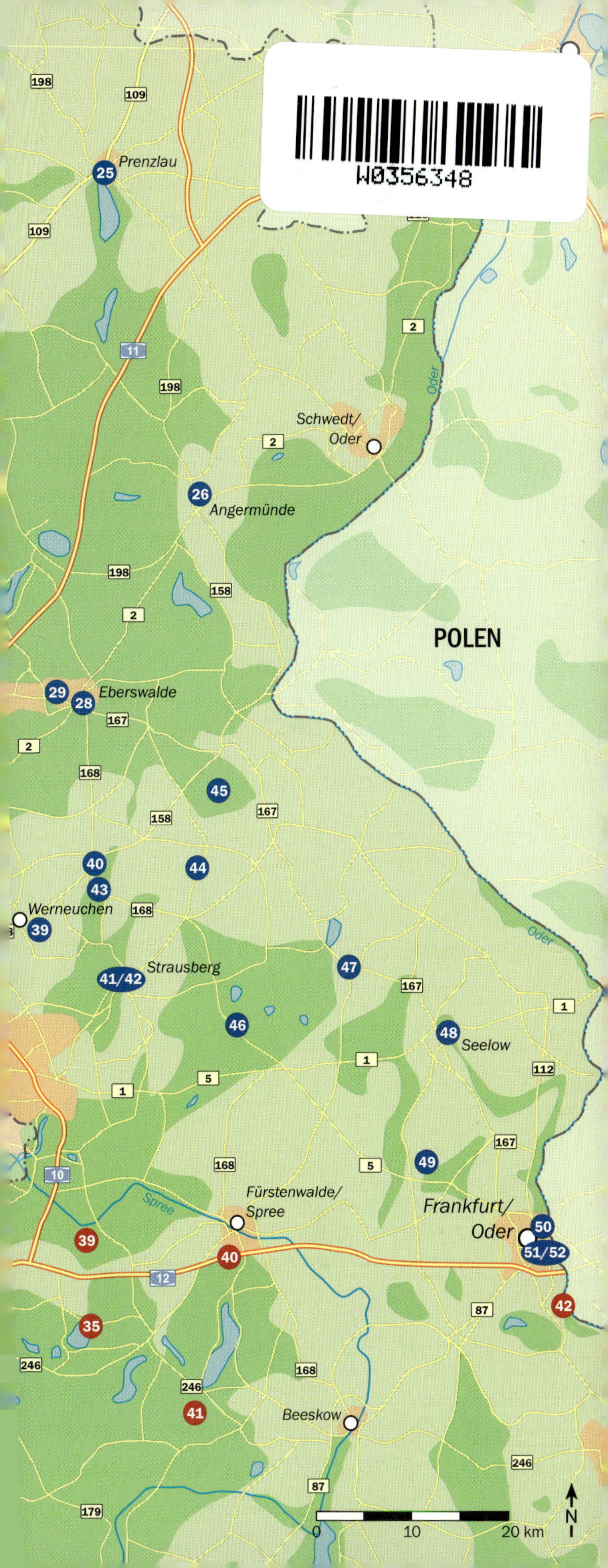

Prenzlau
Schwedt/
Oder
Angermünde
POLEN
Oder
Eberswalde
Werneuchen
Strausberg
Seelow
Fürstenwalde/
Spree
Spree
Frankfurt/
Oder
Beeskow
25
26
28
29
39
40
41/42
43
44
45
46
47
48
49
50
51/52
35
41
42
198
109
11
2
158
167
168
1
5
112
10
12
87
246
179
0
10
20 km
N

LEGENDE

Nummer in der Karte Gebäude / Ort
Bau- / Nutzungsjahr
Adresse
ggf. Öffnungszeiten (Stand Januar 2012)

Die Deutsche Nationalbibliothek verzeichnet diese Publikation in der Deutschen Nationalbibliografie; detaillierte bibliografische Daten sind im Internet über http://www.dnb.de abrufbar.

1. Auflage, März 2012

Schönhauser Allee 36, 10435 Berlin, Tel.: (030) 44 02 32-0
www.christoph-links-verlag.de; mail@christoph-links-verlag.de
Coverfoto: Militärparade in Neuruppin, ca. 1938 (Bundesarchiv Bild 146-1995-066-09A); Rückseite: Schülergruppe in der Mahn- und Gedenkstätte Ravensbrück, 2010 (Martin Kaule)
Karten: Christopher Volle, Freiburg
Satz: typegerecht berlin
Druck und Bindung: Ludwig Auer GmbH, Donauwörth

ISBN 978-3-86153-669-7

Martin Kaule

Brandenburg 1933–1945

Der historische Reiseführer

Ch. Links Verlag, Berlin

VORWORT

Die staatliche Provinz Brandenburg, die seit Jahrhunderten durch Kriege und Reformen gewachsen ist, bildete zusammen mit Berlin das größte Kernland des Königreiches Preußens. 1920 wurden zahlreiche Gemeinden Brandenburgs der nun eigenständigen Provinz Groß-Berlin zugesprochen. Wie überall im Deutschen Reich begann sich auch in Brandenburg die Nationalsozialistische Deutsche Arbeiterpartei (NSDAP) in den 1920er Jahren erst allmählich zu etablieren, bevor sie dann im folgenden Jahrzehnt die Macht übernahm und zur totalen Herrschaft ausbaute.

1925, als staatlicherseits die Trennung Berlins von Brandenburg längst vollzogen war, gründete die NSDAP als innerparteiliches Verwaltungsorgan den »Gau Berlin-Brandenburg«, der bis 1928 vom späteren Reichspropagandaminister Joseph Goebbels geleitet wurde. Ab diesem Jahr wurden Berlin und Brandenburg in der Verwaltungsstruktur der Partei als eigenständige Einheiten geführt. Mit der Vereinigung des »Gaus Ostmark« mit dem »Gau Brandenburg« entstand 1933 der größte Verwaltungsbezirk im »Dritten Reich«: der »Gau Kurmark«. Auf Anweisung Adolf Hitlers erfolgte am 30. Januar 1939 die Umbenennung in »Gau Mark Brandenburg«. Als Gauleiter fungierte von 1933 bis 1936 Wilhelm Kube; sein Nachfolger wurde Emil Stürtz, der bis Mai 1945, also bis zum Untergang des »Dritten Reiches«, das Amt bekleidete.

Wirtschaftlich profitierten viele Brandenburger Unternehmen, die durch die Weltwirtschaftskrise Ende der 1920er Jahre angeschlagen waren, durch die nach ihrer Machtübernahme von den Nationalsozialisten – zunächst verdeckt – vorangetriebene Aufrüstung. Verschiedene Industriezweige, wie zum Beispiel die Flugzeugindustrie, wurden gezielt im Berliner Umland zentralisiert. Mit dem Beginn des Zweiten Weltkrieges und aufgrund des mit zunehmender Kriegsdauer wachsenden Mangels an männlichen Arbeitskräften, entstanden in Brandenburg zahlreiche Arbeitskommandos sowohl der Konzentrationslager Sachsenhausen und Ravensbrück als auch der Stammlager und verschiedener Haftanstalten. Ab 1942 wurden die Häftlinge auch massenhaft und bis zur vernichtenden Erschöpfung in der Rüstungsindustrie eingesetzt. In den letzten Kriegswochen evakuierte die SS die Außenlager und schließlich auch die Konzentrationslager und trieb die Häftlinge auf sogenannte Todesmärsche, auf denen noch Tausende umkamen – wenige Tage vor der Befreiung Deutschlands.

Innere Umzäunung des Konzentrationslagers Sachsenhausen auf dem Gelände der heutigen Gedenkstätte; Aufnahme vom 9. April 1970

Machtdemonstration: der preußische Ministerpräsident Hermann Göring (m.) bei der Amtseinführung des neuen Potsdamer Oberbürgermeisters Hans Friedrichs (r.) mit Gauleiter Wilhelm Kube in Potsdam, 10. März 1934

Mit dem offenen Bruch der Versailler Verträge im Jahr 1935 war die Aufrüstung noch einmal intensiviert worden. In deren Folge entstanden zahlreiche Militäreinrichtungen rund um Berlin. Eine besondere Rolle nahmen dabei die umfassend verbunkerten Hauptquartiere der drei Teilstreitkräfte der Wehrmacht ein: für das Heer bei Zossen im Süden Berlins, für die neuaufgestellte Luftwaffe bei Potsdam und für die Kriegsmarine im Norden bei Bernau. Diese militärischen Anlagen und die vielen Rüstungsbetriebe wurden während des Krieges wiederholt zum Ziel geballter alliierter Luftangriffe, was zu größeren Zerstörungen überall in Brandenburg führte.

Mit dem Ende des Zweiten Weltkrieges wurde Brandenburg von der Roten Armee militärisch besetzt, und die Gebiete östlich der Oder – knapp ein Drittel des ursprünglichen Verwaltungsgebietes –, wurden an Polen abgetreten. Nach der Gründung der DDR im Jahr 1949 und einer Verwaltungsreform 1952 wurde das Land Brandenburg in mehrere Bezirke aufgeteilt. Am 3. Oktober 1990 wurde mit der deutschen Wiedervereinigung auch das Bundesland Brandenburg neu gegründet.

Knapp sieben Jahrzehnte nach dem Ende des Zweiten Weltkrieges und dem Ende der nationalsozialistischen Diktatur in Deutschland zeugen in Brandenburg noch heute zahlreiche Hinterlassenschaften von der NS-Zeit. Manche sind als solche schon auf den ersten Blick zu erkennen, andere sind beinahe in Vergessenheit geraten oder bedürfen noch der kritischen Einordnung. Und natürlich gibt es viele Gedenkstätten, die sich in vorzüglicher Weise mit diesem schwierigen Erbe auseinandersetzen. Im vorliegenden historischen Reiseführer werden rund 100 solcher historischen und Gedenkorte vorgestellt – eine repräsentative Auswahl, die zum fortgesetzten kritischen Umgang mit der NS-Zeit beitragen will.

Blick von der Marienkirche auf die zerstörte Stadt Frankfurt (Oder), 1945

Prignitz – Ostprignitz-Ruppin – Havelland – Oberhavel – Uckermark – Barnim – Märkisch-Oderland – Frankfurt (Oder)

NORD-BRANDENBURG

Nördlich von Berlin entstanden nach der Machtübernahme der Nationalsozialisten zuerst vereinzelte »wilde« Konzentrationslager. Nur wenig später folgten straff durchorganisierte Konzentrationslager in Sachsenhausen und Ravensbrück, Arbeitserziehungs- und Zwangsarbeiterlager. In den Lagern wurden hundertausendfach Verbrechen gegen politische Häftlinge, Juden und andere Verfolgte des NS-Regimes verübt. Abseits des von ihnen zu verantwortenden Terrors ließen sich zahlreiche Nazi-Granden in den Wäldern Brandenburgs idyllisch gelegene Residenzen und Rückzugsorte erbauen, zum Beispiel Reichspropagandaminister Joseph Goebbels den »Waldhof Bogensee« und Reichsmarschall Hermann Göring das Anwesen »Carinhall« in der Schorfheide.

1 **Barackenlager Abbendorf / Denkmal Barackenlager Abbendorf**

Genutzt 1937–40
Dorfstraße / Stege
19322 Ruhstädt OT Abbendorf

Zum Zuchthaus Brandenburg-Görden (s. S. 59) gehörte von 1937 bis 1940 ein Barackenlager in Abbendorf, das in der Nähe der Elbe lag und Platz für mehr als 200 Häftlinge bot. Die Insassen dieses Lagers, das sich innerhalb des Dorfes befand, mussten Strafarbeit in der Landwirtschaft und bei verschiedenen Bauprojekten in der Region leisten. Vom Barackenlager sind keine Überreste mehr vorhanden. Seit 1977 erinnert am Ortsausgang an der Straße nach Rühstädt ein Gedenkstein an die Häftlinge dieses Barackenlagers.

2 **KZ-Außenlager Glöwen / Zwangsarbeiter-Denkmal**

Genutzt 1944/45
Bahnhofstraße / An der Eiche
19339 Glöwen

Zwischen Glöwen und Nitzow existierte von 1939 bis 1945 ein Sprengstoffwerk der Dynamit AG, das unter dem Tarnnamen »Roland« betrieben wurde. Ab Sommer 1944 wurden im Rüstungswerk

▲ Denkmal Barackenlager Abbendorf
◄ Ehemalige Wachtürme des Konzentrationslagers Sachsenhausen

Zwangsarbeiter-Denkmal in Glöwen

auch Zwangsarbeiter aus dem Konzentrationslager Sachsenhausen (s.S. 22) zu Zerlegearbeiten von erbeuteter Munition und von Blindgängern eingesetzt. Es entstanden getrennte Außenlager für männliche und weibliche Zwangsarbeiter. Insgesamt waren im Lager etwa 3000 Häftlinge verschiedenster Nationalitäten untergebracht, darunter etwa 800 Juden, die zumeist aus dem Konzentrationslager Stutthof bei Danzig hierher verschleppt worden waren.
Die Lager wurden im Frühjahr 1945 aufgelöst. Über genaue Opferzahlen der zur Zwangsarbeit hierher verbrachten Personen gibt es bis heute keine detaillierten Angaben.
Sowjetische Truppen sprengten das Werk 1945. Aus Trümmerteilen wurde bereits 1947 in der Stadt ein Denkmal zur Erinnerung an die im KZ-Außenlager Glöwen inhaftierten und ausgebeuteten Zwangsarbeiter errichtet.

3 Wehrertüchtigungslager 3 Glöwen / Ruine

Erbaut 1937/38
An der Eiche
19339 Glöwen

Die Nachwuchs- und Jugendorganisation der Nationalsozialisten, die Hitler-Jugend (HJ), wurde 1926 in Weimar gegründet. Auf dem gesamten Reichsgebiet entstanden – zuerst vereinzelt, mit der Machtübernahme der Nationalsozialisten dann flächendeckend – zahlreiche Heime und Lager, um die Jugendlichen parallel zur Schule und dem Elternhaus im Sinne der NSDAP ideologisch beeinflussen und erziehen zu können. 1933 wurden alle bis dato existierenden freien Jugendverbände gleichgeschaltet und die HJ zur einzigen Jugendorganisation bestimmt. Als »Reichsjugendführer« fungierte bis 1940 Baldur von Schirach, sein Amtsnachfolger wurde Artur Axmann.
In der Hitler-Jugend waren bis 1938 etwa sieben Millionen Jugendliche organisiert. Mit einer Gesetzesänderung 1939 konnte die Aufnahme von Jugendlichen ab einem Alter von zehn Jahren in die Organisation auch polizeilich erzwungen werden. Weitere etwa eineinhalb Millionen Jugendliche traten daraufhin der HJ bei.
Der Verband war nach militärischen Strukturen organisiert. Eine klare Hierarchie regelte die inneren Machtbefugnisse. Die Angehörigen der HJ mussten sich mehrmals in der Woche versammeln, um an Sport-, Heimnachmittagen, Versammlungen oder Appellen teilzunehmen. In dem so kontrollierten Umfeld wurde auf die Erziehung und Charakterbildung der Jugendlichen durch die kruden politisch-weltanschaulichen

Schießausbildung der Hitler-Jugend in einem Wehrertüchtigungslager, um 1942

Vorgaben des NS-Regimes starker Einfluss genommen.
Neben der ideologischen Indoktrinierung im direkten Umfeld des Wohnortes entstanden auf dem gesamten Reichsgebiet zur vormilitärischen Ausbildung von 16-, 17-jährigen Jugendlichen etwa 50 Wehrertüchtigungslager. In mehrwöchigen Lehrgängen wurden ab 1939 die Jugendlichen für den Kriegseinsatz ausgebildet. Die Teilnahme war ebenfalls verpflichtend.
Ab 1937 wurde das Wehrertüchtigungslager (WEL) 3 in Glöwen errichtet. Mehrere tausend Jugendliche aus der Region Berlin-Brandenburg haben das Lager in den Folgejahren durchlaufen.
Ab 1943, als die Wehrmacht auf den Kriegsschauplätzen in die Defensive geriet, wurde das WEL in Glöwen in ein Lazarett umgewandelt. 1945 wurde die Hitler-Jugend wie alle NS-Organisationen im Oktober 1945 durch das Alliierte Kontrollratsgesetz Nr. 2 aufgelöst und verboten.
Nach dem Zweiten Weltkrieg nutzten die Grenztruppen der DDR das kasernenähnliche Gelände als Unteroffiziersschule. Mit der Friedlichen Revolution in der DDR 1989 wurde das ehemalige militärische Ausbildungsobjekt letztendlich geschlossen. Seitdem stehen die meisten Gebäude leer und verfallen zusehends.

Zugewucherter Appellplatz des ehemaligen Wehrertüchtigungslagers in Glöwen

Ehemaliges Notquartier von KZ-Häftlingen im Wald bei Below

4 Waldlager Below / Gedenkstätte Todesmarsch im Belower Wald

Genutzt April 1945
Belower Damm 1
16909 Wittstock
Öffnungszeiten der Open-Air-Ausstellung: ganzjährig
Öffnungszeiten der Projektwerkstatt: Mo–Fr 10–16 Uhr
www.stiftung-bg.de

Angesichts des schnellen Vorrückens der alliierten Streitkräfte auf Gebiete des »Dritten Reiches« und der sich damit abzeichnenden Niederlage der Deutschen befahl Reichsführer SS Heinrich Himmler April 1945, die Konzentrationslager und deren Außenstellen zu evakuieren, um die dort begangenen Gräueltaten zu verheimlichen. Kein Häftling dürfe bei der Räumung »lebend in die Hände des Feindes fallen«.
Aus dem Konzentrationslager Sachsenhausen (s. S. 22) wurden am 21. April mehr als 30 000 Inhaftierte, darunter zahlreiche Kinder und Frauen, in mehrere Kolonnen aufgeteilt und auf verschiedenen Strecken in Richtung Nordwesten getrieben. Während des Fußmarsches mussten die Häftlinge ohne ausreichende Bekleidung oder Verpflegung auskommen und wurden zudem durch die Wachmannschaften der SS schikaniert und misshandelt. Tausende Menschen verloren auf diesem Todesmarsch ihr Leben.
Der Hauptteil der Kolonne erreichte schließlich ab dem 23. April das provisorisch mit Stacheldraht umgebene Waldlager bei Below, einer Ortschaft nördlich von Wittstock. Ohne Lebensmittel und ohne feste Unterkünfte lagerten die ausgehungerten und geschwächten Menschen im Wald. Einige wurden weitergetrieben, andere erlebten hier das Ende des Weltkrieges.
1981 wurde vor Ort eine erste Dokumentationsstätte eröffnet, die 1992 überarbeitet wurde. Rechtsextremisten verübten 2002 einen Brandanschlag auf das Museumsgebäude und richteten erheblichen Schaden an. 2010 wurde anlässlich des 65. Jahrestages der Befreiung der Häftlinge des Waldlagers Below die umfassend umgestaltete Gedenkstätte wieder eröffnet.

5 »Wildes« Konzentrationslager und Landjahrlager Alt Daber / Wohnpark Staarenberg

Genutzt als KZ April bis Juli 1933
Alt Daber
16909 Wittstock

Wenige Monate nach dem Machtantritt der Nationalsozialisten entstanden auf dem gesamten Reichsgebiet sogenannte wilde Konzentrationslager, in

Gebäude des ehemaligen »wilden« Konzentrationslagers Alt Daber

denen man Gegner des NS-Regimes festhielt und misshandelte.
So wurde auch in Alt Daber im April 1933 ein ehemaliges Kindererholungsheim als Haftort für bis zu 50 Gefangene hergerichtet. Die Inhaftierten wurden dort gefoltert und hatten unter Zwang Arbeitsdienst zu leisten, etwa beim Straßenbau oder beim Aufbau des Waldbades Alt Daber. Am 24. Juni 1933 verfügte der Regierungspräsident in Potsdam die Auflösung der kleinen Haftorte und die Überführung der Insassen in das KZ Oranienburg (s. S. 18). Daraufhin erfolgte im Juli 1933 die Räumung des Lagers in Alt Daber, das bereits wenige Monate später als Unterkunft für Teilnehmer des Landjahres diente.
Das neun Monate dauernde Landjahr war ab 1934 verpflichtend für deutsche Jugendliche, um die Arbeitslosigkeit unter ihnen zu verringern und eine weitere Erziehungseinrichtung zu schaffen, in der Jungen und Mädchen ideologisch indoktriniert und physisch gedrillt werden konnten. Oder in der Sprache der Nazis: um »körperlich gestählt und charakterlich gefestigt an jeder Stelle einsatzbereit dem Volksganzen zu dienen«. Mit dem Ende des Zweiten Weltkrieges wurde auch das Landjahr abgeschafft. Seit 1976 erinnert ein Gedenkstein an das »wilde« Konzentrationslager in Alt Daber. In dem Gebäude, das nach dem Zweiten Weltkrieg lange Zeit als Lehrlings-Wohnheim diente, wurde in den 80er Jahren ein Gedenk- und Erinnerungsraum eingerichtet.
Nach 1990 wurde der Gedenkraum geschlossen, und die Gedenkstätte geriet in Vergessenheit. Heute stehen das Haus und das angrenzende Grundstück zum Verkauf.

6 Lebensborn-Heim »Kurmark« / Ruppiner Kliniken

Genutzt 1937–44
Mühlenweg 1
16835 Lindow (Mark) OT Klosterheide

Das ehemalige Genesungsheim »Klosterheide« wurde im April 1937 vom Lebensborn e.V. zunächst gepachtet und 1940 dann gekauft. Die Organisation war auf Initiative des Reichsführers SS Heinrich Himmler im Dezember 1935 in Berlin gegründet worden und stand bis 1945 unter besonderer Obhut der SS, deren Angehörige durch Zwangsbeiträge den Verein maßgeblich mitfinanzierten. Um die nach dem Ersten Weltkrieg stark zurückgegangene Geburtenrate wieder zu steigern, gründeten die Nationalsozialisten nach ihrer Machtübernahme mehrere Institutionen und Vereine. Dazu gehörte neben dem SS-geführten Lebensborn e.V. zum Beispiel das »Hilfs-

Hauptgebäude des ehemaligen Lebensbornheims »Kurmark«

Deutsche Feldpolizei verschleppt im Auftrag des SS-Rasse- und Siedlungshauptamtes Kinder aus Jugoslawien, die zum Teil in den Lebensborn gebracht werden, 1941/42.

Hauptgebäude der ehemaligen Panzerkaserne Neuruppin

werk ›Mutter und Kind‹«, das jungen Müttern auch mit Sachspenden helfend zur Seite stand.
Der Lebensborn bot »arischen und erbgesunden« ledigen schwangeren Frauen die Möglichkeit, in einem anonymen Umfeld ihre Kinder zur Welt zu bringen, statt, wie in dieser Zeit häufig, einen Schwangerschaftsabbruch vornehmen zu lassen. Frauen, die sich darauf einließen, konnten schon lange vor dem Geburtstermin in das Heim einziehen und auch nach der Geburt des Kindes für geraume Zeit dort wohnen. Da die Lebensborn-Heime über eigene Standesämter verfügten, mussten die Geburten auch nicht in den Heimatgemeinden der Mütter gemeldet werden, so dass die unehelichen Kinder verheimlicht werden konnten.
Das gut ausgebildete Personal und die geographische Lage der Heime – sie waren zumeist in ländlichen Regionen gelegen, die nicht von regelmäßigen alliierten Luftangriffen bedroht wurden –, führten dazu, dass nach Kriegsbeginn zunehmend auch Ehefrauen von SS-Angehörigen dort ihre Kinder zur Welt brachten. Obwohl Tausende Kinder in solchen Heimen geboren wurden, führte das nicht zu einer signifikanten Erhöhung der Geburtenrate. In Lindow konnten vom Lebensborn im Heim »Kurmark« bis zu 86 Kinder und 23 Mütter versorgt werden.
Die Infrastruktur des Lebensborn-Vereins wurde außerdem dazu genutzt, um aus »rassepolitischen« Gründen Tausende Kinder und Jugendliche mit »arischem« Aussehen aus den besetzten Ländern Europas zu verschleppen und mit gefälschten Geburtsurkunden über das Lebensborn-Standesamt »einzubürgern«.
Mit Ende des Zweiten Weltkrieges wurde das Heim geschlossen und der Verein als der SS unterstehende Organisation aufgelöst.
Heute werden die Gebäude von einer Außenstelle der Ruppiner Kliniken genutzt.

7 Panzerkaserne Neuruppin/ Technologie und Bildungszentrum

Erbaut 1935/36
Alt Ruppiner Allee 40
16816 Neuruppin

Der Kasernenkomplex in Neuruppin wurde am 14. Juli 1937 offiziell eingeweiht. Das militärische Objekt bestand aus zehn Mannschafts- bzw. Unterkunftsgebäuden, mehreren Ausbildungs- und Gemeinschaftshäusern sowie einem mächtigen Hallenbereich, in dem Panzer und weitere Militärtechnik untergestellt wurden. Der Technikpark und die Mannschaftsgebäude waren durch eine Baumallee voneinander getrennt. Der Aufbau der Panzerwaffe stellte einen offenen Bruch der Versailler Verträge dar, da eine schwere Bewaffnung nach dem Ersten Weltkrieg den deutschen Streitkräften verboten war.
Die Kaserne bezog das 1934 in Zossen-Wünsdorf (s. S. 81) aufgestellte Panzerregiment 6 der 3. Panzerdivision, dessen Angehörige schon vor dem Zweiten Weltkrieg im Ausland im Einsatz waren. So unterstützten Freiwillige des Regimentes die »Legion Condor« im Spanischen Bürgerkrieg an der Seite der Putschisten unter General Francisco Franco. 1938 war beim Einmarsch ins Sudetenland und in Österreich auch das Panzerregiment beteiligt.
Während des Zweiten Weltkrieges wurden Einheiten des Neuruppiner Panzerregimentes sowohl an der Ost- als auch Westfront eingesetzt.
Nach dem Krieg nutzten die sowjetischen Streitkräfte das Kasernenareal und erweiterten es erheblich. Nach dem Abzug der russischen Truppen aus Deutschland wurde das Gelände einer zivilen Nutzung überführt, mehrere Gebäude der ehemaligen Panzerkaserne wurden abgerissen. Langfristig sollen alle noch vorhandenen Bauten in ein Technologie- und Bildungszentrum umgewandelt werden. Vor Ort erinnern einige Informationstafeln an die ursprüngliche Nutzung.

8 Arbeitserziehungslager Fehrbellin / Industriebrache

Genutzt 1942 – 45
Luchstraße
16833 Fehrbellin

Neben dem Frauen-Konzentrationslager in Ravensbrück (s. S. 26) existierte in Brandenburg ein weiteres zentrales Frauenlager, das zur »Disziplinierung« von Zwangsarbeiterinnen und weiblichen Straftätern dienen sollte. Wie in anderen Arbeitserziehungslagern wurden auch in Fehrbellin Personen inhaftiert, die in ihren Betrieben durch angebliche »Bummelei« oder »generelle Arbeitsunwilligkeit« aufgefallen waren und nun zur »Arbeit für die Volksgemeinschaft« erzogen werden sollten. Die Haftdauer betrug in der Regel acht Wochen, währenddessen die Frauen unter Bewachung von Polizei und SS Strafarbeit in einer nahegelegenen Fabrik leisten mussten, in der Hanf- und Flachs produziert wurde. Die Arbeitszeit der inhaftierten Frauen betrug zwischen zehn und zwölf Stunden. Die Unterkunft und Versorgung war sehr mangelhaft. Schläge und Repressalien durch die Aufseher waren an der Tagesordnung. Mehr als 8000 Frauen haben das Lager bis zum Mai 1945 durchlaufen.

Vor Ort gibt es keine Hinweise auf das ehemalige Frauen-Arbeitserziehungslager. Lediglich das Fabrikgebäude, in dem die Frauen einst zur Arbeit gezwungen wurden, ist noch vorhanden. Neben dem Arbeitserziehungslager in Fehrbellin existierte ein weiteres Zwangslager der Gestapo zwischen Großbeeren und Teltow (s. S. 79).

9 Olympisches Dorf / Kaserne

Erbaut 1934 – 36
Rosa-Luxemburg-Allee 70
14641 Wustermark OT Elstal
Öffnungszeiten: Apr – Okt:
Mo – Fr 10 – 16 Uhr, Sa/So 10 – 18 Uhr;
Nov – März: Führungen Mo – Fr 11 Uhr, Sa/So 12 und 15 Uhr
www.dkb-stiftung.de

Die Olympischen Sommerspiele fanden 1936 in Berlin statt. Die Nationalsozialisten ließen nichts unversucht, um aus diesem Sportereignis eine gigantische Propagandaschau zu machen und dem Ausland ein friedliebendes und weltoffenes Regime vorzutäuschen. So sorgte man sich auch um die teilnehmenden Sportler.
Für die Athleten aus aller Welt errichtete man an der Ausfallstraße von Berlin in Richtung Nauen das Olympische Dorf

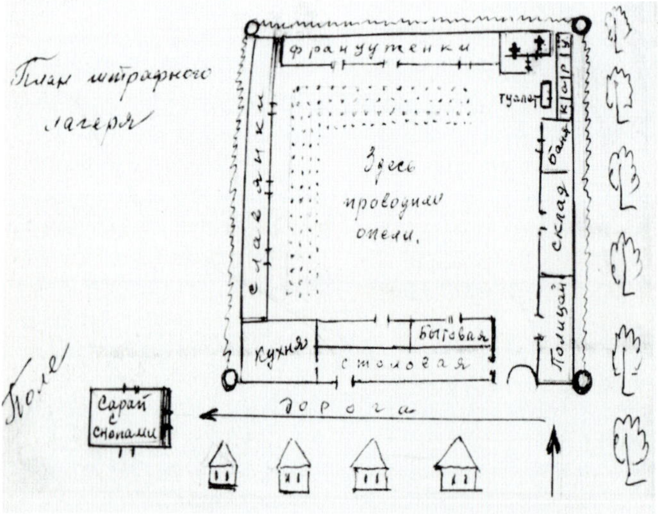

Plan des AEL Fehrbellin; Erinnerungsskizze einer russischen Zwangsarbeiterin, 1998

Einmarsch der Athleten im Olympischen Dorf in Elstal, Juli 1936

mit zahlreichen Unterkunfts-, Sozial-, Gemeinschafts- und Trainingsgebäuden. Mehr als 4000 Sportler und deren Begleitpersonal wurden im ruhigen Elstal sowie - aufgrund einer falschen Kapazitätsplanung - im Neubau einer nahegelegenen Kaserne untergebracht.
Das Zentrum des Sportler-Dorfes bildete das »Speisehaus der Nationen«, in dem es unterschiedliche Küchen und Speiseräume für die verschiedenen Mannschaften gab und von dessen weitläufigen Außenterrassen man einen Blick bis zum 15 Kilometer entfernten Olympiastadion hatte. Auf dem Gelände gab es darüber hinaus eine Schwimmhalle und ein Kulturhaus.
Nach den Sommerspielen wurde das Gelände als Infanterie-Schule von der Wehrmacht genutzt und während des Krieges in ein Militärlazarett umgewandelt. Ab 1945 diente es den sowjetischen Streitkräften. Nach deren Abzug 1992 erwarb die DKB-Stiftung das Gelände und machte es der Öffentlichkeit zugänglich. In den Sommermonaten kann man innerhalb der Öffnungszeiten das Areal eigenständig besichtigen; darüber hinaus finden ganzjährig geführte Rundgänge statt.

Ehemalige Sportlerunterkünfte im Olympischen Dorf in Elstal

Jesse Owens (1913–1980)

Der US-Amerikaner Jesse Owens war schon vor 1936 ein gefeierter Leichtathletik-Star, der mehrfach Weltrekorde aufgestellt hatte. Während der Olympiade in Berlin gewann Owens unter großem Jubel vier Goldmedaillen im Sprint und dem Weitsprung und wurde so zum Star der Spiele – sehr zum Verdruss der rassistischen NS-Führung, die alles andere als den Triumph eines farbigen Athleten wollte.
Um zu verhindern, dass die Bevölkerung zu den Sportlern eigenständig Kontakt aufnahm, kontrollierte die Gestapo die eingehende Post im Elstal. So wurden 74 Briefe, die an verschiedene Athleten des Olympischen Dorfes adressiert waren, beschlagnahmt. Darunter befand sich auch einer, in dem Jesse Owens aufgefordert wurde, aus Protest gegen die Rassenverfolgung im nationalsozialistischen Deutschland die Annahme von Medaillen zu verweigern. Dieser Brief hat Owens nie erreicht.
Die Baracke mit dem Zimmer, das Jesse Owens 1936 im Olympischen Dorf bewohnte, wurde im Jahr 2010 originalgetreu wieder hergerichtet und eine Ausstellung mit zahlreichen Fotos und Informationen zum US-Athleten eröffnet.

10 Militärareal Döberitz/ Naturschutzgelände

Erbaut 1893/94, erweitert 1901–10, 1933–45
Artilleriepark 1
14624 Dallgow-Döberitz

Bei Döberitz, südlich der heutigen Bundesstraße 5, existierte bis zum Abzug der russischen Streitkräfte 1992 eines der größten zusammenhängenden Militärareale in Deutschland, das eine mehr als 100 Jahre alte Geschichte hat. Dort war Ende des 19. Jahrhunderts ein Übungsplatz des preußischen Heeres entstanden, inklusive eines Start- und Landeplatzes für Luftschiffe, der 1910 zum ersten militärischen Flugplatz des gesamten Kaiserreiches ausgebaut wurde.
Nach ihrem Machtantritt begannen die Nationalsozialisten mit der Aufrüstung der militärischen Einrichtungen in und um Döberitz, die infolge der Bestimmungen des Versailler Vertrages nach dem Ersten Weltkrieg demontiert und unbrauchbar gemacht worden waren. Schließlich entstand dort eines der größten militärischen Ausbildungszentren für Piloten der Wehrmacht, die unter anderem ihre ersten Kriegseinsätze als »Legion Condor« ab 1936 im Spanischen Bürgerkrieg flogen und auf deren Konto auch die Einäscherung der baskischen Stadt Guernica geht.
Nach dem Ende des Zweiten Weltkrieges boten die zahlreichen Kasernen auf dem Döberitzer Areal Flüchtlingen eine Unterkunft, bis die Sowjetarmee es 1947 übernahm und viereinhalb Jahrzehnte nutzte. Seit ihrem Abzug 1992 ist eine Konversion des Geländes im Gange. Zahlreiche Gebäude wurden abgerissen und das Gebiet anschließend renaturiert. Einige Kasernenkomplexe baute man in zivile Wohnanlagen um. Der ehemalige Truppenübungsplatz ist heute ein Naturschutzpark, in dem ein Wildfreigehege von der Heinz-Sielmann-Stiftung unterhalten wird und in dem es Rad- und Wanderwege gibt.

Jagdstaffel Richthofen auf dem Flugplatz Döberitz, August 1935

11 Gedenkstätte für antifaschistische Widerstandskämpfer und Kriegsdienstverweigerer
Engelsfelder Chaussee
14624 Dallgow OT Engelsfelde

Zum Ende des Zweiten Weltkrieges und im Angesicht einer bevorstehenden Niederlage verhängten Stand- und Kriegsgerichte noch Tausende Todesurteile. Dabei wurden hauptsächlich sogenannte Wehrkraftzersetzer und Fahnenflüchtige, aber auch politisch Verfolgte umgebracht. Als »Wehrkraftzersetzer« galten Personen, deren Handlungen die Schlagkraft der Wehrmacht oder anderer NS-Organisationen verminderten, zum Beispiel Kriegsdienstverweigerer oder Deserteure. Aber auch ein öffentlich geäußerter Zweifel am »Endsieg« oder Kritik am NS-System konnten ein Todesurteil zur Folge haben.

In einem Wäldchen bei Engelsfelde, etwa 200 Meter nach dem Ortsausgang in Richtung Seeburg, befindet sich ein Sammelgrab hingerichteter Kriegsdienstverweigerer und Deserteure, die vermutlich zunächst im Militärgefängnis Spandau inhaftiert gewesen waren, bevor sie in der Murellenschlucht in Berlin-Ruhleben erschossen wurden. Von den mehr als 300 in der Schlucht hingerichteten Personen wurden 81 in dem

Gedenkstätte in der Murellenschlucht

Sammelgrab bei Engelsfelde bestattet. Vor Ort erinnert seit den 50er Jahren eine kleine Gedenkstätte für antifaschistische Widerstandskämpfer an die mehrheitlich namenlosen Opfer.

12 KZ-Außenlager Falkensee / Geschichtspark und Gedenkstätte KZ-Außenlager Falkensee

Genutzt 1943–45
Spandauer Straße/Hamburger Straße
14612 Falkensee

Ein Arbeitskommando des Konzentrationslagers Sachsenhausen (s.S. 22) errichtete ab Januar 1943 am Stadtrand von Berlin ein Außenlager für Zwangsarbeiter. In diesem Falkenseer Lager waren bis zu 3000 Personen untergebracht, die sowohl in umliegenden Rüstungsbetrieben als auch bei der Deutschen Reichsbahn auf einem Güterbahnhof zur Arbeit gezwungen wurden. 1944 entstanden auf dem Gelände vier zusätzliche, mit Stacheldraht umzäunte Werkstatt-Baracken. Hier erfolgte die Produktion von Teilen für die Fernraketen V1 und V2, die in den unterirdischen Stollen des Konzentrationslagers Mittelbau-Dora im Harz zusammenmontiert wurden. Als sich die Häftlinge am 20. April 1945 dem Evakuierungsbefehl, der sie auf einen Todesmarsch getrieben hätte, widersetzten, wurde das Lager vier Tage später von den Wachmannschaften aufgegeben und sich selbst überlassen.
1967 entstand ein erstes Denkmal, und zum 50. Jahrestag der Befreiung am 24. April 1995 wurde ein Geschichtspark am authentischen Ort in Anwesenheit ehemaliger Zwangsarbeiter offiziell eingeweiht.

13 Mitteldeutsche Stahl- und Walzwerke im Friedrich-Flick-Konzern / H.E.S. Hennigsdorfer Elektrostahlwerke GmbH

Erbaut 1917
Wolfgang-Küntscher-Straße 18
16761 Hennigsdorf

Die AEG beschloss 1917 den Aufbau eines Elektrostahl- und Walzwerkes in Hennigsdorf, das 1926 vom Friedrich-Flick-Konzern aufgekauft wurde. Friedrich Flick war ein deutscher Industrieller, der bereits während des Ersten Weltkrieges Kapital und Unternehmensanteile verschiedener Rüstungsbetriebe angehäuft hatte. Dies verhalf ihm nach dem Machtantritt der Nationalsozialisten zu zahlreichen Rüstungsaufträgen. Durch die Enteignung jüdischer Betriebe baute er das Firmengeflecht in den folgenden Jahren weiter aus.
Der Konzern profitierte nach Kriegsbeginn in hohem Maße vom Einsatz von

Mahnmal im heutigen Geschichtspark Falkensee

Produktionsgebäude der Stahlwerke Hennigsdorf

Zwangsarbeitern. Flick zählte zum »Freundeskreis Reichsführer SS«, in dem mehr als 50 Personen (Industrielle, hohe Beamte und Parteimitglieder) organisiert waren, die maßgeblichen Einfluss auf die NS-Wirtschaftspolitik ausübten.
Friedrich Flick wurde 1947 in Nürnberg als Kriegsverbrecher zu sieben Jahren Haft verurteilt, weil er wie kein anderer deutscher Industrieller von der Ausbeutung von Zwangsarbeitern profitiert hatte.
Nach dem Krieg wurde das Werk in Hennigsdorf demontiert und in die Sowjetunion abtransportiert. Ab 1947 erfolgte ein schrittweiser Wiederaufbau. Bereits 1948 wurde vom nunmehr unter dem Namen VEB Stahl- und Walzwerk Hennigsdorf agierenden Unternehmen ein Denkmal geschaffen, das auf dem Postplatz vor dem S-Bahnhof an die Zwangsarbeiter und Opfer des NS-Regimes erinnert.

14 »Wildes« Konzentrationslager »Meißnershof« / Gewerbegebiet
Genutzt im Frühjahr/Sommer 1933
Parkallee
16727 Velten

Kommunisten zählten zu den politischen Hauptfeinden der Nationalsozialisten. Kurz nach dem Machtantritt der Nazis wurde die Kommunistische Partei Deutschlands (KPD) verboten und deren Mitglieder systematisch verfolgt. So verhaftete man im Frühjahr 1933 auch den im Stahlwerk Hennigsdorf (s. S. 16) arbeitenden Kommunisten Richard Ungermann und brachte ihn in ein provisorisch eingerichtetes Konzentrationslager, den »Meißnershof« in Velten. Das war ein verlassenes Anwesen, das ab März 1933 als illegale Haftanstalt genutzt und offiziell als Fahrschule der SA deklariert wurde.
Das Schicksal vieler Inhaftierter ist bis heute ungeklärt; Schätzungen gehen von mindestens zehn Getöteten aus. Von Richard Ungermann weiß man,

Teil des Mahnmals auf dem Bahnhofsvorplatz in Hennigsdorf

dass SA-Angehörige ihn nur zwei Tage nach seiner Verhaftung erschossen und seinen Leichnam in der Havel versenkten. Im Spätsommer 1933 wurde der Folterort geschlossen und die Häftlinge in das erste offizielle Konzentrationslager der Region in der Oranienburger Innenstadt (s. S. 18) überstellt.
Mit der Ansiedlung neuer Industriebetriebe in und um Hennigsdorf wurde der »Meisnershof« in den 70er Jahren abgerissen. Heute befindet sich dort ein Werk für Betonfertigteile.

15 Werkssiedlung Leegebruch / Siedlung Leegebruch

Erbaut 1935–38
Am Anger / Birkenallee
16767 Leegebruch

Durch die neu entstandenen und erweiterten Rüstungsbetriebe in Oranienburg stieg die Einwohnerzahl in der Region von etwa 18 000 im Jahr 1933 bis 1939 um mehr als 70 Prozent. Da der Wohnraum in Oranienburg und Umgebung knapp war, planten Architekten des NS-Regimes neue Wohnquartiere in der Nähe von Rüstungs- und Industriebetrieben. So auch für die Arbeiter des Zweigwerkes der Ernst Heinkel Flugzeugwerke AG in Oranienburg-Germendorf.
Westlich von Oranienburg entstand ab 1935 eine neue Gartenstadt mit mehr als 1200 Wohneinheiten. Am Rand der Siedlung wurden Einfamilienhäuser mit Gartenland errichtet und im eigentlichen Zentrum Leegebruchs auch mehrgeschossige Reihenhäuser. Darüber hinaus gab es in der Werkssiedlung Leegebruch ein Gemeinschaftshaus mit Theater, Kino und Gaststätten sowie für die zahlreichen Kinder der neuen Bewohner eine Schule und einen Kindergarten.
Die 1938 fertiggestellte Siedlung hat den Zweiten Weltkrieg fast unbeschadet überstanden. Die Grundstruktur ist noch immer vorhanden, die einzelnen Häuser wurden je nach Kreativität und Kapital der Eigentümer bis in die Gegenwart hinein saniert. In einem kleinen Park in der Birken-, Ecke Eichenallee erinnert seit 1949 ein Denkmal an die Opfer des Zweiten Weltkrieges. Einige im gesamten Siedlungsgebiet verteilte Informationstafeln schildern die Geschichte von einzelnen Gebäuden und Objekten.

16 Synagoge Oranienburg / Gedenktafel

Erbaut 1848
Havelstraße 5 (6)
16515 Oranienburg

Die jüdische Gemeinde in Oranienburg verfügte ab 1848 in der Havelstraße 5 über ein eigenes Gebetshaus, das während der Pogrome in der Nacht vom 9. zum 10. November 1938 von Mitgliedern der SA geschändet wurde. Durch einen alliierten Luftangriff auf die in der Stadt angesiedelte Rüstungsindustrie wurde das Gebäude am 6. März 1944 endgültig zerstört.
Seit 1988 erinnert eine irrtümlich auf dem Nachbargrundstück (Nr. 6) angebrachte Gedenktafel an die ehemalige Synagoge in Oranienburg.

17 Konzentrationslager Oranienburg (Brauerei) / Gedenktafel

Genutzt 1933/34
Berliner Straße 20
16515 Oranienburg

Auf dem Gelände einer stillgelegten Brauerei richteten im März 1933 Mitglieder der Oranienburger SA ein provisorisches, aber offizielles Konzentrationslager ein. Bis zum Sommer 1934 durchliefen insgesamt 3000 Personen das Lager; zeitweise waren mehr als 1200 Personen auf einmal in den Brauereikellern zusammengepfercht.
Die ersten Gefangenen waren vornehmlich Oppositionelle aus Oranienburg und Umgebung. Mit der Auflösung der kleinen »wilden« Konzentrationslager in Brandenburg – wie zum Beispiel die Lager in Alt Daber (s. S. 8) oder bei

Gemeinschaftshaus und Mehrfamilienhäuser der Siedlung Leegebruch, um 1937

Gedenktafel Synagoge Oranienburg

Entlassung von Häftlingen aus dem Konzentrationslager Oranienburg, 18. Dezember 1933

Velten (s. S. 17) – wurden diejenigen Häftlinge, die weiter in Gewahrsam gehalten werden sollten, nach Oranienburg transportiert, wo nun auch neben den politischen Gefangenen zunehmend regimekritische Intellektuelle und Künstler inhaftiert wurden. Die Häftlinge mussten in und um Oranienburg Zwangsarbeit leisten oder wurden mit körperlichem Drill und Appellen schikaniert. Durch die Folter der Wachmannschaften sind mindestens 16 Personen ums Leben gekommen. Der Anarchist und Schriftsteller Erich Mühsam wurde auf dem Gelände einige Tage vor der Schließung des Lagers ermordet.
Heute erinnern am Standort des ehemaligen Lagers mehrere Gedenksteine an die Haft- und Folteranstalt.

18 Auerwerke Oranienburg/ Denkmal für das KZ-Außenlager Auerwerke

Lehnitzstraße/Lindenring
16515 Oranienburg

Für den Rüstungsbetrieb der Auergesellschaft AG in Oranienburg wurde im Sommer 1943 ein Barackenlager für Zwangsarbeiterinnen aus dem Konzentrationslager Ravensbrück (s. S. 26) eingerichtet. Bis zu 2000 Frauen wurden hier unter einfachsten Bedingungen untergebracht.
Die Auerwerke waren ab 1926 in Oranienburg aufgebaut und nach Machtantritt der Nationalsozialisten 1934 im Rahmen der »Arisierung« an das Unternehmen Degussa angegliedert worden.

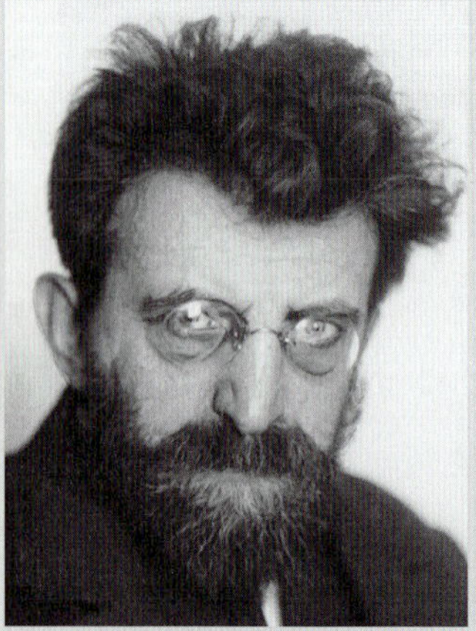

Erich Mühsam (1878 – 1934)

Der aus einer jüdischen Familie stammende Schriftsteller Erich Mühsam wuchs in Lübeck auf, wo er eine Apothekerlehre absolvierte. Schon früh veröffentlichte er satirische und kritische Zeitungsartikel und schloss sich anarchistischen Gruppen an. Wegen seiner kritischen Texte wurde er ab 1903 polizeilich überwacht. Ab 1909 lebte Mühsam in München, gehörte zu den wichtigsten Figuren in der Schwabinger Bohème und versammelte namhafte Intellektuelle und Künstler um seine anarchistische Zeitschrift *Die Tat.* Nach dem Ersten Weltkrieg, den er entschieden abgelehnt hatte, wurde er einer der Initiatoren der Münchner Räterepublik, die blutig niedergeschlagen wurde und ihm 15 Jahre Festungshaft einbrachte. 1924 amnestiert, siedelte Mühsam nach Berlin über, wo er sich weiterhin politisch-literarisch engagierte, nicht zuletzt gegen den aufkommenden Nationalsozialismus. So war er unter denen, die kurz nach dem Reichstagsbrand Ende Februar 1933 von Angehörigen der SA in Berlin festgenommen und anschließend in verschiedenen Lagern in Berlin und Brandenburg inhaftiert wurden. Am 2. Februar 1934 brachte man Mühsam in das Konzentrationslager Oranienburg (s. S. 18), wo er nach insgesamt 16-monatiger Haft am 10. Juli 1934 von den SS-Wachmannschaften ermordet wurde. Bemühungen aus dem In- und Ausland um seine Freilassung waren erfolglos geblieben.
In Oranienburg erinnert seit 1974 am Standort des ehemaligen Konzentrationslagers ein Gedenkstein an Erich Mühsam, der auf dem Waldfriedhof in Berlin-Dahlem beigesetzt ist.

Gedenktafel Zwangsarbeiterlager Auerwerke

Fortan wurden hier unter anderem Gasmasken und Gasfilter hergestellt. In den Werkslaboren forschte man darüber hinaus an seltenen, auch radioaktiven Materialien. Da die westlichen Alliierten den Bau einer deutschen Atombombe vermuteten und das Werk als Zulieferbetrieb angesehen wurde, war es mehrfach Ziel alliierter Luftangriffe. Um der auf Berlin vorrückenden Roten Armee keine entsprechenden Materialien und Unterlagen in die Hände fallen zu lassen, bombardierten die Alliierten die Auerwerke noch am 15. März 1945 mit mehr als 3000 Sprengbomben, wobei auch die Innenstadt Oranienburgs stark zerstört wurde. Bei den alliierten Luftangriffen auf das Werk fanden mehr als 300 Häftlinge den Tod, mindestens genauso viele wurden teils schwer verletzt. Seit 1974 erinnert in einem Wohngebiet ein Denkmal an der Lehnitzstraße, Ecke Lindenring an die Opfer des Zwangsarbeiterlagers der ehemaligen Auerwerke. Die Produktionsanlagen, die sich etwas weiter südlich vom heutigen Gedenkstein befanden, wurden nach dem Zweiten Weltkrieg nicht wieder aufgebaut, da der Boden durch die Zerstörung des Rüstungswerkes immer noch stark kontaminiert ist.

19 Inspektion der Konzentrationslager / Stiftung Brandenburgische Gedenkstätten

Erbaut 1937/38
Heinrich-Grüber-Platz 1 - 3
16515 Oranienburg
Öffnungszeiten: Mo - Fr 8 - 18 Uhr,
Sa/So 12 - 16 Uhr
www.stiftung-bg.de

Im Sommer 1938 zog die personell aufgestockte Inspektion der Konzentrationslager (IKL) aus der Berliner Prinz-Albrecht-Straße 8 - dort war auch das Geheime Staatspolizeiamt (Gestapa) untergebracht - in einen von KZ-Häftlingen errichteten Neubau in Oranienburg, in unmittelbarer Nähe zum Konzentrationslager Sachsenhausen.

Gebäude der ehemaligen Inspektion der Konzentrationslager, heute Sitz der Stiftung Brandenburgische Gedenkstätten

Mahnmal auf dem ehemaligen Gelände des KZ Sachsenhausen

Die IKL war eine zentrale Verwaltungs- und Führungsbehörde der SS, der alle Konzentrationslager im Reich und in den besetzten Gebieten unterstanden. Die Gestapo entschied zwar über die Einweisung und Entlassung von Gefangenen, doch die »innere Ordnung« wurde durch die IKL zentral geplant und organisiert. Sie bestimmte zum Beispiel die Essens-, genauer: Hungerrationen, die Lagerabläufe und Haftbedingungen sowie die Häftlingsstrafen.
Als im Winter 1941/42 KZ-Häftlinge in großer Zahl als Zwangsarbeiter in verschiedenen Rüstungsbetrieben eingesetzt wurden, unterstellte man die IKL dem SS-Wirtschafts- und Verwaltungshauptamt. Der Einsatz sämtlicher Häftlinge der verschiedensten KZ wurde von hier zentral koordiniert sowie Vernichtungsaktionen organisiert, worüber die Inspektion streng Buch führte. Sämtliche Opferzahlen liefen hier in Oranienburg zusammen.
Seit 1990 wird das T-förmige Gebäude vom Finanzamt Oranienburg sowie der Geschäftsstelle der 1993 gegründeten Stiftung Brandenburgische Gedenkstätten genutzt, die im ehemaligen Dienstzimmer des Leiters der NS-Organisation – bis 1939 Theodor Eicke, danach Richard Glücks – eine Ausstellung zum Aufbau und der Arbeitsweise der IKL eingerichtet hat.

20 Konzentrationslager Sachsenhausen / Gedenkstätte und Museum Sachsenhausen

Betrieben 1936–45
Straße der Nationen
16515 Oranienburg
Öffnungszeiten: 15. März – 14. Okt:
Mo–So 8.30–18 Uhr
(sonst bis 16.30 Uhr)
www.stiftung-bg.de

Das Konzentrationslager Sachsenhausen wurde auf Befehl der SS ab 1936 nördlich von Oranienburg durch Häftlinge aus verschiedenen bereits bestehenden nationalsozialistischen Konzentrationslagern aus dem Emsland aufgebaut. Das Lager wurde in Form eines Dreiecks angelegt und die Funktions- und Unterkunftsbaracken symmetrisch angeordnet – umgeben von einer massiven Mauer mit Wachtürmen.
Die Sonderbereiche und späteren Werkstätten befanden sich an den jeweiligen Außenseiten des Lagers.
Das Konzentrationslager Sachsenhausen galt in der damaligen Zeit als Schulungs- und Modelllager der SS. Ab 1938 befand sich die Inspektion der Konzentrationslager (IKL) (s. S. 21) in unmittelbarer Nähe, die hier ihre Vorgaben sofort umsetzen und erproben konnte. Die IKL organisierte und verwaltete alle großen Konzentrationslager des NS-Re-

Lagertor des Konzentrationslagers Sachsenhausen, um 1940

Zählappell im KZ Sachsenhausen, um 1940

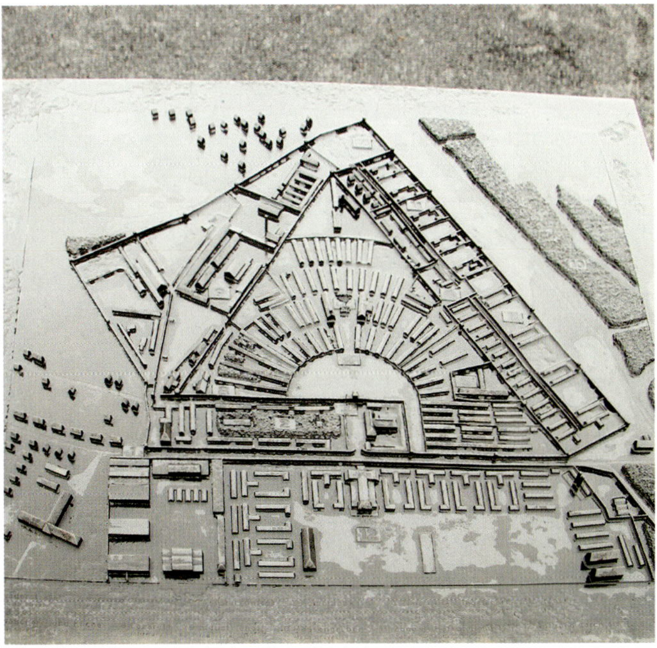

Modell des KZ Sachsenhausen im Eingangsbereich der Gedenkstätte

gimes. Kommandeure und SS-Wachmannschaften weiterer Lager wurden im KZ Sachsenhausen ausgebildet.
Aus knapp 40 Nationen waren hier bis 1945 etwa 200 000 Personen inhaftiert. In rund 100 Außenkommandos mussten die Häftlinge in verschiedenen Rüstungsbetrieben der Region oder beim Aufbau einer Großziegelei in Lehnitz am heutigen Oder-Havel-Kanal (s. S. 24) Zwangsarbeit leisten. Auf dem Lagergelände entstanden ab 1938 zusätzliche Arbeitsstätten, in denen die Häftlinge wie in den Außenkommandos ausgebeutet wurden. Mehrere zehntausend Menschen starben in Sachsenhausen.
Am 21. April 1945 wurde das KZ evakuiert, und die etwa 33 000 Häftlinge wurden auf Todesmärsche in Richtung Nordwesten getrieben, wo Tausende starben. Wer das angeordnete Tempo nicht einhalten konnte, wurde sofort erschossen und auf der Strecke einfach liegen gelassen. Knapp 3000 Kranke und nicht transportfähige Personen hatte die SS im Lager zurückgelassen, wo sie einen Tag später von polnischen und sowjetischen Soldaten befreit wurden.
Nach dem Zweiten Weltkrieg richtete die Sowjetische Militäradministration in Deutschland (SMAD) auf dem Gelände ein Internierungslager für Wehrmachtsangehörige, NS-Funktionäre, aber auch für auf der Straße willkürlich aufgegriffene Personen ein, das Speziallager Nr. 7 (später Nr. 1). Bis zu 60 000 Personen waren hier teilweise ohne Verurteilung und unter unmenschlichen Bedingungen eingesperrt. Mindestens 12 000 Personen fanden bis zur Auflösung des Lagers 1950 den Tod. Die Toten wurden in mehreren Sammelgräbern verscharrt.
Obwohl 1961 die Mahn- und Gedenkstätte Sachsenhausen offiziell eröffnet wurde, verschwieg man in der DDR-Zeit bis zum Zusammenbruch die Existenz des sowjetischen Speziallagers.
Das ehemalige Lagergelände befindet sich seit 1993 unter der Verwaltung der Stiftung Brandenburgische Gedenkstätten. 2001 wurde auf dem Gelände der Gedenkstätte ein Speziallager-Museum eröffnet, was in den Anfangsjahren zu kontroversen Diskussionen führte. Vor Ort informieren mehrere Dauer- und Sonderausstellungen über die Geschichte des Konzentrationslagers Sachsenhausen.

21 Klinkerwerk Oranienburg/ Geschichtspark

Erbaut 1939/40
Am Klinkerbecken 1
16515 Oranienburg

Um vom Zwangsarbeiter-Einsatz in den verschiedenen Rüstungsbetrieben oder auch bei Projekten in der Bauwirtschaft unmittelbar finanziell zu profitieren, wurden Ende der 30er Jahre von der SS mehrere Wirtschaftsunternehmen gegründet. So auch im April 1938 die Deutsche Stein- und Erdwerke GmbH (DEST) mit Sitz in Oranienburg. Die SS plante alsbald die Errichtung eines Klinkerwerks direkt am Hohenzollernkanal (dem heutigen Oder-Havel-Kanal), das mit Häftlingen aus dem KZ Sachsenhausen aufgebaut wurde. Dieser Betrieb sollte unter anderem Ziegel für die

KZ-Häftlinge im Klinkerwerk Oranienburg, ca 1940

Informationstafeln am Standort des ehemaligen Klinkerwerkes

gewaltigen Umbaumaßnahmen Berlins zur »Welthauptstadt Germania« produzieren.
Direkt auf dem Gelände wurde ein KZ-Außenlager eingerichtet. Das Werk und seine unmittelbare Umgebung wurden bis Kriegsende immer wieder Schauplatz eines systematischen Terrors gegen die Lagerhäftlinge. Im Klinkerwerk wurde beispielsweise im Sommer 1942 eine gezielte Mordaktion gegen 200 homosexuelle Inhaftierte des KZ Sachsenhausen (s. S. 22) durchgeführt. Um die Verbrechen zu vertuschen, wurden die Leichen anschließend vor Ort verbrannt und deren Asche im angrenzenden Hohenzollernkanal verstreut.
Ab 1943 wurde die Produktion auf Rüstungsgüter wie Granaten und Geschosse umgestellt. In der Folgezeit verlagerte man auch Werkstätten der Heinkel-Flugzeugwerke aus Germendorf hierher, in denen ebenfalls KZ-Häftlinge eingesetzt wurden. Bei der Bombardierung des Lagers durch die Alliierten im April 1945 wurden die Anlagen größtenteils zerstört, aber auch mehr als 100 Zwangsarbeiter getötet.
Heute sind weite Teile des Areals in ein Gewerbegebiet umgewandelt worden. An einigen Stellen erinnern Informationstafeln an die Nutzung des Geländes während der NS-Zeit; ein groß angelegter Geschichtspark ist in Planung.

22 Sicherheitspolizeischule Fürstenberg-Drögen / abgerissen

Erbaut 1941/42
Bundesstraße 96
(südlich der Bahnlinie)
16798 Fürstenberg/Havel

Eine von sieben reichsweiten Sicherheitspolizeischulen entstand ab 1941 in Fürstenberg-Drögen. Die Sicherheitspolizei sollte nicht die alltägliche Ordnung bewahren, sondern sie arbeitete an der Erfassung, Verfolgung und Vernichtung der Gegner der nationalsozialistischen Diktatur. Während des Zweiten Weltkrieges waren Einsatzgruppen der Chefs der Sicherheitspolizei und des Sicherheitsdienstes (SD) in den besetzten Gebieten Europas für die Ermordung Hunderttausender Menschen verantwortlich, darunter vor allem Juden, Sinti und Roma sowie politisch Verfolgte. Die Ausbildung dieser Täter erfolgte zumeist in einer der Sicherheitspolizeischulen.
1943 bezog zusätzlich die »Sonderkommission Lange« die Schule südlich von Fürstenberg. Nach ihrem Chef Herbert Lange benannt, war diese Abteilung für die Verfolgung von deutschen Widerstandskämpfern verantwortlich. Nach dem gescheiterten Attentat auf Adolf Hitler am 20. Juli 1944 im »Führerhauptquartier Wolfsschanze« wurden

Baracken des Konzentrationslagers Ravensbrück, um 1940

hier mehrere Personen inhaftiert und verhört.
Beim Bau der Schulungseinrichtung hatten KZ-Häftlinge aus Sachsenhausen (s. S. 22) mitarbeiten müssen; das Konzentrationslager Ravensbrück (s. S. 26) betrieb nach der Eröffnung hier ein Außenlager für etwa 30 Personen.
Das ehemalige Kasernengelände wurde bis 1990 von der sowjetischen Armee nachgenutzt und schließlich 2002 komplett zurückgebaut.

23 Konzentrationslager Ravensbrück / Mahn- und Gedenkstätte Ravensbrück

Betrieben 1939 - 45
Straße der Nationen
16798 Fürstenberg/Havel
Öffnungszeiten: Mai - Sept: Di - So 9 - 18 Uhr (Okt - Apr 9 - 17 Uhr)

Neben dem KZ Sachsenhausen (s. S. 22) wurde ab 1939 ein weiteres großes Konzentrationslager bei Berlin errichtet. Das Lager Ravensbrück in der Nähe von Fürstenberg/Havel war das größte Frauenkonzentrationslager im Deutschen Reich. Außer den 132 000 weiblichen Häftlingen wurden hier bis April 1945 auch 20 000 Männer eingesperrt, schikaniert und misshandelt. Die Inhaftierten mussten vor Ort oder in den etwa 70 Außenlagern Zwangsarbeit leisten oder wurden für medizinische Versuche missbraucht.
Die Versuche wurden ab Juli 1942 vom Leibarzt Heinrich Himmlers, Karl Gebhardt (s. S. 29), durchgeführt. Dabei wurden KZ-Häftlingen absichtlich Verletzungen zugefügt, die Wunden dann verschmutzt, damit sie sich entzündeten, um an den Häftlingen die Wirkungsweise neuer Antibiotika erproben zu können. Viele Probanden starben an diesen Experimenten oder wurden zu Invaliden. Außerdem wurden im KZ Massenexekutionen durchgeführt. Insgesamt starben in Ravensbrück zwischen 30 000 und 40 000 Menschen. Auf einem lagereigenen Industriehof wurden Produktionsstätten zur maximalen Ausbeutung der Arbeitskraft eingerichtet. Hier erfolgte die Gründung des SS-Wirtschaftsunternehmens »Gesellschaft für Textil- und Lederverwertung mbH«, die hauptsächlich Uniformen und Uniformteile für die Waffen-SS produzierte. Inhaftierte Frauen mussten 1941 beim Aufbau des Vernichtungslagers Auschwitz helfen.
Ab Sommer 1942 wurde in unmittelbarer Nähe des Konzentrationslagers das Jugendschutzlager »Uckermark« für anfänglich 400 weibliche Jugendliche eingerichtet. Das Lager war aber kurze Zeit später vielfach überbelegt.
Im Herbst 1943 wurde auf dem Ge-

Ehemalige Kommandantur des KZ Ravensbrück

Häftlinge bei der Zwangsarbeit in einem Außenlager des KZ Ravensbrück, 1943

Das Krematorium des ehemaligen KZ Ravensbrück

lände des Konzentrationslagers Ravensbrück ein Krematorium errichtet, um die Leichen der ermordeten Insassen zu verbrennen und die Spuren des Terrorregimes zu beseitigen. Die Überreste wurden 1945 einfach in den nahen Schwedtsee geschüttet. Durch immer neue Transporte in das Lager reichte die Barackenkapazität spätestens 1944 nicht mehr aus. Daher wurden zur Unterbringung der Insassen zusätzlich Zelte aufgeschlagen, in denen die Häftlinge auch im Winter leben mussten. Ende April 1945 wurden auf Befehl des Reichsführers SS Heinrich Himmler das Konzentrationslager Ravensbrück und das Jugendschutzlager aufgelöst. Die Insassen trieb man vor der näherrückenden Roten Armee auf Todesmärsche weg von der Front.

Nach dem Zweiten Weltkrieg nutzten die sowjetischen Streitkräfte einige Bereiche des ursprünglichen Konzentrationslagers militärisch. 1959 wurde auf Teilen des ehemaligen KZ-Geländes eine erste nationale Mahn- und Gedenkstätte der DDR eingerichtet. Nach dem Abzug der Besatzungsmacht 1993 wurde die Gedenkstätte Ravensbrück mehrfach umgebaut und erweitert. Mehrere Ausstellungen informieren über die Geschichte des Konzentrationslagers, das KZ-Personal und die Zwangsarbeit der Häftlinge.

Produktionsgebäude auf dem Gelände des KZ Ravensbrück

Gebäude der Heilanstalt Hohenlychen, 1942

24 Heilanstalten Hohenlychen / Reichssportsanatorium / Ruine

Erbaut 1902

Pannwitzallee/Thielenstraße
17279 Lychen

Die Heilanstalt Hohenlychen wurde ab 1902 auf Veranlassung von Prof. Dr. Gotthold Pannwitz ursprünglich als Kinderheilstätte aufgebaut und kurze Zeit später baulich stark erweitert, so dass bis zu 500 Patienten untergebracht werden konnten. Nach einer Nutzung als Lazarett während des Ersten Weltkrieges übernahm 1935 Karl Gebhardt die Leitung der Heilanstalten in Hohenlychen. Es folgten Umbau- und Umstrukturierungsmaßnahmen, die aus dem Krankenhaus ein Zentrum zur Behandlung von Sport- und Arbeitsschäden machten, mit Weltruf in einigen Fachgebieten. Da von der deutschen Sporthilfe ein Großteil des für die Umbauten notwendigen Kapitals zur Verfügung gestellt worden war, ernannte man die Anstalt offiziell zum Reichssportsanatorium. Zahlreiche Sportler und Funktionäre des NS-Regimes ließen sich hier bis 1945 behandeln und konnten sich in idyllischer Kulisse auskurieren. Neben Adolf Hitler und Rudolf Heß, dem »Stellvertreter des Führers«, war auch Heinrich Himmler Stammgast, der ein Jugendfreund des Leiters der Einrichtung war. Insgesamt wurden hier bis zum Ende des Krieges über 35 000 Personen behandelt.

Während des Zweiten Weltkrieges wurden die Anlagen in ein Kriegslazarett umgewandelt. Gebhardt und einige seiner Ärzte machten sich ab 1942 mit menschenverachtenden medizinischen Experimenten an Häftlingen der Konzentrationslager Ravensbrück (s. S. 26) und Neuengamme zu Kriegsverbrechern. Zahlreiche Menschen starben dabei oder wurden ein Leben lang zu Invaliden.

Karl Gebhardt übernahm bis zum Ende des Krieges die Geschäftsführung des Deutschen Roten Kreuzes (s. S. 77), nachdem sich dessen bisheriger Leiter, Ernst-Robert Grawitz, am 24. April 1945 das Leben genommen hatte.

Die beteiligten Ärzte wurden im Nürnberger Ärzteprozess 1946/47 angeklagt und verurteilt, manche hatten sich im Frühjahr 1945 durch Selbstmord ihrer Strafe entzogen.

Nach dem Zweiten Weltkrieg wurden bis zum Abzug der russischen Truppen 1993 Teile der Heilanstalt von der Sowjetarmee als Sanatorium mit etwa 200 Betten sowie zu Wohnzwecken genutzt. Einige wenige kleinere Gebäude wurden vor einigen Jahren saniert, die restlichen Gebäude verfallen zusehends.

Zerstörte Synagoge in Prenzlau, 1938

25 Synagoge Prenzlau / Gedenktafel

Erbaut 1832
Rodingergasse/Am Sternberg
17291 Prenzlau

In der Reichspogromnacht vom 9. auf den 10. November 1938 wurden auch die 1832 gebaute Synagoge in Prenzlau sowie das angrenzende Haus des Rabbiners durch Schergen des NS-Systems geplündert und niedergebrannt. Die Stadt Prenzlau ließ wegen Einsturzgefahr anschließend die Reste der Gebäude abtragen und stellte die Kosten von 10 500 Reichsmark der jüdischen Gemeinde in Rechnung. Da sie das nicht mehr bezahlen konnte, musste sie ihre Grundstücke, darunter auch die beiden jüdischen Friedhöfe, der Stadt überschreiben. Die Mitgliederzahl der jüdischen Gemeinde schrumpfte von 174 Juden im Jahr 1932 auf etwa 40 im Mai 1940. Die letzten Juden wurden im April 1942 aus Prenzlau in das Konzentrationslager Theresienstadt deportiert. Nach einer baulichen Umgestaltung des Standortes wurden die Grundrisse vom Haus des Rabbiners und der Synagoge in gestaffelten Terrassen auf dem Boden nachgezeichnet. Die Einweihung des Platzes fand am 9. November 2004 statt. Auf dem nahen Sternberg erinnert zusätzlich eine Informationstafel an die zerstörte Synagoge.

26 Geburtshaus von Gustav Bruhn

Jägerstraße 19
16278 Angermünde

Gustav Bruhn (1889–1944) wuchs in Angermünde auf, wo er das Tischlerhandwerk erlernte. Nach seiner Ausbildung ging er auf Wanderschaft. Während des Ersten Weltkrieges diente Bruhn in einer Pionierkompanie in Flandern. 1918 schloss er sich dem Spartakusbund an und trat später in die KPD ein. Von 1928 bis 1933 saß er als KPD-Abgeordneter im Preußischen Landtag. Nach dem Machtantritt der Nationalsozialisten wurde Bruhn mehrfach verhaftet und bis 1939 im Konzentrations-

Gustav Bruhn, um 1940

lager Sachsenhausen (s. S. 22) inhaftiert.
Kurz nach seiner Freilassung trat er der Bästlein-Jacob-Abshagen-Gruppe bei, deren Gründer, die Kommunisten Bernhard Bästlein, Franz Jacob und Robert Abshagen, er in Sachsenhausen während der Haftzeit kennengelernt hatte. Die Widerstandsgruppe war die größte regional operierende Gruppe in Hamburg, deren Mitglieder in mehr als 30 Betrieben organisiert waren. Bruhn und seine Frau wurden am 18. Oktober 1942 von der Gestapo verhaftet und verhört. Nachdem die Hamburger Gestapo-Zentrale samt ihrem Gefängnis bei einem alliierten Luftangriff zerstört worden war, erhielten auch die etwa 50 Widerstandskämpfer für zwei Monate Hafturlaub. Nach Ablauf der Frist meldete sich Bruhn nicht wieder zurück, sondern versteckte sich im Untergrund und versuchte, die Widerstandsgruppe erneut aufzubauen. Ein V-Mann der Gestapo konnte sich in die Gruppe einschleusen und ließ Bruhn am 13. Dezember 1943 verhaften. Bereits zwei Monate später wurden Bruhn und weitere Mitglieder des Hamburger Widerstands im Konzentrationslager Neuengamme ermordet.
Seit 1964 erinnert an seinem Geburtshaus in Angermünde eine Gedenktafel an Gustav Bruhn.

27 »Carinhall« – Residenz von Hermann Göring/abgerissen

Erbaut ab 1933
Am Großdöllner See
16244 Schorfheide OT Groß Schönebeck

Nördlich von Groß Schönebeck entstand im Waldgebiet der Schorfheide ab 1933 in mehreren Bauphasen ein privates, vor allem aber repräsentatives Anwesen Hermann Görings. Als Architekt der Residenz »Carinhall« fungierte unter anderen der Bauplaner des Berliner Olympiastadions, Werner March. Namensgeberin des Anwesens war Görings erste und 1931 verstorbene Frau Carin, für die er auf dem Areal eine Gruft errichten ließ. Im Juli 1934 ordnete er an, ihren Leichnam aus Schweden nach »Carinhall« zu überführen, wo er in Anwesenheit zahlreicher Trauergäste, darunter Adolf Hitler, beigesetzt wurde.
Der aus mehreren Gebäuden bestehende Landsitz enthielt auch die private, vornehmlich aus Raub- und Beutegütern zusammengestellte Kunstsammlung Hermann Görings, die er gern Staatsgästen und Funktionären des NS-Regimes zeigte, bevor man zu Jagdausflügen in die Schorfheide aufbrach. Göring gab sein Anwesen am 20. April 1945 auf. Sämtliche Gebäude – mit Ausnahme des Gästehauses am west-

»Carinhall«, das Anwesen Hermann Görings, 1940

Werke von Hermann Görings zum Teil durch Raub zusammengetragener Kunstsammlung in seinem Anwesen »Carinhall«, 1939

Die letzten Überreste von Görings Residenz in der Schorfheide

lichen Ende des Döllnsees – sowie die Gruft wurden auf Görings Befehl hin kurz vor dem Anrücken der Roten Armee am 28. April 1945 gesprengt.
Ein Großteil der Kunstsammlung war bereits mit der Zunahme der alliierten Luftangriffe auf Berlin und Umgebung 1943 nach Bayern ausgelagert worden, der Rest im Winter 1944/45.
Die gesprengten Gebäude wurden nach dem Zweiten Weltkrieg von der Bevölkerung und der Roten Armee geplündert, um die noch vorhandenen Steine und Baumaterialien zum Aufbau oder zur Reparatur zahlreicher Häuser in der Umgebung zu verwenden. Zu DDR-Zeiten war das Gelände tabu. Nur das ehemalige Gästehaus am Döllnsee diente der Freien Deutschen Jugend (FDJ) bis 1954 als Herberge und war später Gästehaus des DDR-Staatsrates.
Nach 1990 rückte das Areal wieder ins Bewusstsein der Öffentlichkeit. Bis in die Gegenwart wurde die einstige Residenz eines der mächtigsten Männer des NS-Regimes immer wieder von Schatzsuchern, die hier nach zahlreichen Kunstschätzen suchten, durchwühlt. Vor Ort sind heute nur noch wenige Fundament- und Betonreste zu entdecken. Im ehemaligen Luftschutzbunker befindet sich ein Fledermausquartier. Das Gästehaus wird mittlerweile als Hotel Döllnsee-Schorfheide betrieben.
Im wenige Kilometer entfernten Groß Väter (Dorfstraße, 17268 Templin OT Groß Väter) erinnert seit 1946/47 eine aus »Carinhall« geborgene und zu einem Gedenkstein gestaltete Granitstele an die Opfer des Faschismus.

28 Synagoge Eberswalde / Gedenktafel

Erbaut 1891
Goethestraße 9
16225 Eberswalde

In der Reichspogromnacht vom 9. zum 10. November 1938 verwüsteten Angehörige der Eberswalder SA die 1891 erbaute Synagoge und zündeten sie an. In derselben Nacht wurden noch weitere jüdische Einrichtungen und Geschäfte geschändet und geplündert. Das Wohnhaus in der Kirchstraße 18 wurde nach der Reichspogromnacht zur Deportationssammelstelle der Eberswalder Juden bestimmt. In dem einzigen sogenannten Judenhaus in Eberswalde wurde die jüdische Bevölkerung der Region zusammengepfercht.
Im Dezember 1942 teilte die Bezirksstelle Brandenburg-Pommern der Reichsvereinigung der Juden in Deutschland per Schreiben mit, dass alle Eberswalder Juden, außer die in »Mischehen«

Synagoge in Eberswalde, um 1900

lebenden, »abgewandert« seien und so alle jüdischen Grundstücke veräußert werden könnten. In der Reichsvereinigung wurden alle in Deutschland lebenden Juden zwangsorganisiert. Sie stand unter der Kontrolle der Gestapo. Im Sommer 1943 wurde die Vereinigung aufgelöst, das Vermögen beschlagnahmt und deren Mitarbeiter deportiert.
Seit 1966 erinnert eine Gedenktafel an die zerstörte Synagoge. Nach einer kontroversen Planungsphase soll 2012 der Bau einer Baumsynagoge beginnen: Innerhalb einer zwei Meter hohen Mauer, die den Grundriss des Gebäudes nachzeichnet, werden Bäume gepflanzt, die in einigen Jahren dann den Baukörper der Synagoge nachbilden sollen.

29 KZ-Außenlager Ardeltwerke/ Gewerbegebiet

Betrieben 1943–45
Heegermühler Straße/Am Bahnhof Eisenspalterei
16227 Eberswalde

Im Herbst 1943 entstand in der Nähe der großen Fertigungshallen der Ardeltwerke an der Heegermühler Straße ein Außenlager des Konzentrationslagers Ravensbrück (s. S. 26). Mehr als 1000 weibliche Häftlinge aus mehreren Nationen, die unter primitivsten Bedingungen untergebracht waren, mussten hier Zwangsarbeit in der Rüstungsindustrie leisten. Neben dem Kranbau, für den die Ardeltwerke weltbekannt waren, wurden in anderen Betriebsteilen auch Rüstungsgüter wie zum Beispiel Kanonen und Granaten hergestellt. Im Laufe des Krieges wurden die Frauen auch bei Aufräumarbeiten nach Bombardierungen der Stadt, beim Bau von Behelfsheimen für geflüchtete Berliner, aber auch beim Bau von Panzergräben eingesetzt. Zahlreiche von ihnen sind bei der Arbeit oder bei Luftangriffen ums Leben gekommen. Auf dem Friedhof Biesenthaler Straße und dem Waldfriedhof Freienwalder/Breite Straße erinnern Gedenkstätten an die KZ-Häftlinge, die hier bestattet wurden.

Während der DDR-Zeit wurden in Eberswalde weiterhin verschiedenste Kranmodelle auch für das Ausland produziert und erlangten erneut weltweites Ansehen. Vor Ort existieren noch heute zwei durch einen Jugendclub nachgenutzte Baracken, bei denen es sich vermutlich um die Unterkunftsbaracken der Wachmannschaften handelt. Die großen Fertigungshallen der Werke an der Heegermühler Straße sind ebenfalls noch vorhanden, die heute von verschiedenen Unternehmen genutzt werden.

30 Marine-Funkleitstelle »Koralle«/ Oberkommando der Kriegsmarine/ Ruine

Erbaut 1939–41, 1943/44
Bernauer Straße
16348 Wandlitz OT Lanke

Etwa ein Kilometer südlich vom Ortsausgang des Dorfes Lanke in Richtung Bernau entstand ab 1939 eine Marinefernmeldeschule samt verbunkerter unterirdischer Nachrichtenzentrale der Kriegsmarine der Wehrmacht. Das Objekt erhielt den Tarnnamen »Koralle«. Von hier konnten die Befehle des Oberkommandos via Funk an die auf den Weltmeeren operierende U-Boot-Flotte versandt werden. Nachdem der ursprüngliche Sitz der Kriegsmarine in

Baracken des späteren KZ-Außenlagers Ardeltwerke; Ausschnitt vom Titelblatt der Werkszeitschrift, August 1942

Treppenhaus im ehemaligen Nachrichtenbunker »Koralle«

Berlin am Tirpitzufer (heute Reichspietschufer) im Shell-Haus gegenüber dem Bendlerblock durch alliierte Luftangriffe im Sommer 1943 stark beschädigt worden war, zog das Oberkommando der Kriegsmarine mehrfach um, bevor es sich von Ende 1943 bis zum April 1945 im Objekt »Koralle« einquartierte.

Auf dem Gelände errichtete man zu diesem Zweck 1943/44 zusätzlich mehrere oberirdische Großbunker. Vor der heranrückenden Roten Armee wurde das Quartier im Frühjahr 1944 in Richtung Norden evakuiert.

Die Bunker und Gebäude des Objektes »Koralle« wurden nach dem Krieg von den sowjetischen Besatzungstruppen gesprengt. Einer der beiden oberirdischen Großbunker diente der DDR-Bereitschaftspolizei anschließend als Häuserkampfanlage. Den gesprengten Tiefbunker ließ die Sowjetarmee in den 60er Jahren zu einem Nachrichtenbunker umbauen; seit ihrem Abzug im Jahr 1992 ist das Gelände ungenutzt. Der unterirdische Bunker kann zum Tag des offenen Denkmals – jedes Jahr am zweiten Sonntag im September – besichtigt werden.

31 Hoffnungstaler Anstalten/ Hoffnungstaler Stiftung Lobetal

Bodelschwinghstraße 27
16321 Bernau OT Lobetal
www.lobetal.de

1905 wurde nördlich der Stadt Bernau der »Verein Hoffnungstal für die Obdachlosen der Stadt Berlin e.V.« vom Abgeordneten des Preußischen Landtages Pastor Friedrich von Bodelschwingh gegründet und die Arbeiterkolonien »Hoffnungstal« und »Lobetal« errichtet. Kamen in der Anfangszeit nur Obdachlose nach Lobetal, um sich mit der Besiedlung und der landwirtschaftlichen Arbeit wieder einen Platz in der Gesellschaft zu erarbeiten, folgten in den kommenden Jahren auch körperlich und geistig behinderte Menschen, um hier zu leben und zu arbeiten. Paul Gerhard Braune wurde 1922 zum Leiter der Anstalt ernannt, die nunmehr die Größe einer selbständigen Gemeinde erreichte.

Nach dem Machtantritt der Nationalsozialisten wurde Braune im Rahmen der »Aktion T4« angewiesen, behinderte Menschen an die Landeskrankenhäuser (s.S. 63) zu überstellen. Mit der »Aktion

Gedenkort für die verschleppten jüdischen Bewohner Lobetals

T4« wurde die systematische Ermordung von mehr als 70 000 behinderten Menschen in den Jahren 1940/41 bezeichnet. Braune konnte verhindern, dass kranke Bewohner ausgeliefert wurden, und kämpfte so als einer der wenigen aktiv gegen die »Euthanasie«. Daraufhin wurde Braune am 12. August 1940 von der Gestapo für drei Monate inhaftiert. Gegen den 1942 sowie 1944 stattfindenden Abtransport von Juden, die in Lobetal Zuflucht gefunden hatten und hier unter falschen Namen lebten, war Braune jedoch machtlos.
1953 wollte die Sozialistische Einheitspartei Deutschlands (SED) das Gelände enteignen und für eigene Zwecke nutzen. Dies konnte Braune jedoch verhindern. Von Januar bis April 1990 quartierten sich Erich und Margot Honecker hier für kurze Zeit ein, nachdem sie ihr Wohnhaus in der Waldsiedlung Wandlitz hatten räumen müssen. Nach Protesten fand das Ehepaar anschließend zeitweise Unterschlupf im sowjetischen Militärhospital Beelitz (s. S. 66) und wurde von dort dann über den Flugplatz Sperenberg in die russische Hauptstadt Moskau ausgeflogen.
Heute erinnern auf dem Anstaltsgelände zahlreiche Gedenk- und Informationstafeln an die Geschichte der Hoffnungstaler Anstalten und an die Schicksale der Menschen, die hier lebten.

32 Waldhof Bogensee – Residenz von Joseph Goebbels / Zentraljugendschule der Freien Deutschen Jugend

Erbaut 1936 – 39, umgebaut 1946 – 50
Platz der Freundschaft 1
16348 Wandlitz OT Bogensee

Im Berliner Umland ließen sich mehrere Prominente des NS-Regimes repräsentative Anwesen errichten. Dem Gauleiter von Berlin und Reichsminister für Volksaufklärung und Propaganda Joseph Goebbels schenkte die Stadt Berlin 1936 das Areal um den Bogensee bei Wandlitz. Goebbels war einer der wichtigsten Politiker der NSDAP, der maßgeblich am Aufbau und an der Festigung der NS-Herrschaft sowie für die Beeinflussung der deutschen Bevölkerung während des Zweiten Weltkrieges verantwortlich war.
Bis 1939 entstand am Bogensee ein neues Blockhaus mit mehr als 30 Zimmern, einem Kino und einem eigenen Luftschutzbunker. Da die Baukosten schon bald Goebbels' Finanzen überstiegen, wurde der neue Waldhof durch die Ufa-Film GmbH querfinanziert.
Goebbels forcierte in den ersten Jahren als Propagandaminister unter anderem die Verstaatlichung von Produktions- und Verleihfirmen der Filmindustrie. Schon kurze Zeit später beherrschte er die deutsche Medienlandschaft. Der

Hauptgebäude von Goebbels' Waldhof Bogensee

Waldhof war ein beliebter Treff von Schauspielern und Künstlern. Darüber hinaus werden Goebbels zahlreiche Affären mit Schauspielerinnen nachgesagt; auch das Anwesen am Bogensee galt als Liebesnest. Adolf Hitler verbot schließlich 1938 eine Liaison mit der tschechischen Schauspielerin Lida Baarova, da Goebbels samt seiner Familie weiterhin als Muster- und Vorzeigefamilie des NS-Regimes auftreten sollte. Joseph Goebbels entzog sich der Verantwortung für seine Taten und beging am 1. Mai 1945 mit seiner Frau Selbstmord.

Nach dem Krieg diente das Areal der Roten Armee als Lazarett und wurde im März 1946 dem neugegründeten Jugendverband, der Freien Deutschen Jugend (FDJ), geschenkt. In den Gebäuden wurde die FDJ-Jugendhochschule »Wilhelm Pieck« aufgebaut. Ab 1951 erfolgte der Bau von größeren Unterkunfts- und Unterrichtsgebäuden in unmittelbarer Nähe des ehemaligen Waldhofes. Im diesem modernen Hochschulkomplex studierten FDJ-Kader und Jugendliche aus den befreundeten sozialistischen Staaten.

Seit 1999 stehen sowohl die Gebäude der Hochschule als auch der Waldhof leer. Ein Käufer für das Gesamtensemble konnte auch nach mehreren Anläufen nicht gefunden werden.

Vortragsgebäude der Jugendhochschule Bogensee

33 Schloss Dammsmühle – Residenz von Heinrich Himmler / Ruine

Erbaut 1768
Schloßstraße
16348 Wandlitz OT Schönwalde
www.schloss-dammsmuehle.de

Das Schloss Dammsmühle wurde 1768 für den Berliner Lederfabrikanten Peter Friedrich Damm errichtet. Nach mehreren Eigentümerwechseln und damit verbundenen Umbau- und Erweiterungsmaßnahmen erwarb der englische Unternehmer Harry Goodwin Hart das Anwesen im Jahre 1929. Aufgrund der jüdischen Wurzeln seiner Frau verließ das Ehepaar Deutschland 1938. Harts Eigentum wurde 1940 enteignet und das Anwesen dem Reichsführer SS Heinrich Himmler geschenkt. Von Januar bis Juli 1943 befand sich hier ein Außenlager des Konzentrationslagers Sachsenhausen (s. S. 22) für 25 männliche Häftlinge. Ob Heinrich Himmler selbst das Anwesen nutzte, ist nicht bekannt, SS-Funktionäre aus der Umgebung hielten sich jedoch nachweislich im Schloss zur Erholung auf.
Mit Ende des Zweiten Weltkrieges zog auch hier zunächst die Rote Armee ein. 1968 übernahm das Ministerium für Staatssicherheit der DDR das Schloss und das angrenzende Grundstück. Nach Umbaumaßnahmen diente das Gelände

Schloss Dammsmühle

als Ausbildungs- und Erholungsobjekt. Auf dem Grundstück entstanden mehrere Bunkeranlagen.
Heute liegt fast das gesamte Gelände brach.

34 Widerstandsmahnmal Schönow

Dorfstraße (neben der Kirche)
16321 Bernau OT Schönow

In Schönow waren Mitglieder der Widerstandsgruppe um Anton Saefkow aktiv. Der Kommunist Saefkow hatte nach dem Machtantritt der Nationalsozialisten im April 1933 sechs Jahre im Gefängnis gesessen. Nach seiner Freilassung baute er die größte Berliner Wider-

Denkmal für die Schönower Widerstandskämpfer

Aufmarsch des SD vor dem Bernauer Schulungskomplex, 1933

standsgruppe der KPD auf. Im Keller eines Schönower Hauses betrieben einige Widerständler eine Druckerei, in der bis etwa 1944 zahlreiche Schriften und Flugblätter entstanden. Im Sommer desselben Jahres wurde Saefkow von der Gestapo verhaftet, anschließend vom Volksgerichtshof zum Tode verurteilt und am 18. September 1944 im Zuchthaus Brandenburg (s. S. 59) hingerichtet.

Eine der Schönower Widerstandskämpfer war die 1912 geborene Elli Voigt. Mit der Verhaftung ihres Mannes, des KPD-Funktionärs Fritz Voigt, im Jahr 1936 und seiner anschließenden Versetzung in ein Strafbataillon der Wehrmacht übernahm Elli die Kurier- und Transportdienste ihres Mannes innerhalb einer kommunistischen Widerstandsgruppe, die sich später der Gruppe um Saefkow anschloss. Auch Elli Voigt wurde im Sommer 1944 verhaftet und wegen »Vorbereitung zum Hochverrat«, »Feindbegünstigung« und »Wehrkraftzersetzung« zum Tode verurteilt. Die Hinrichtung erfolgte am 8. Dezember 1944 in Berlin-Plötzensee.

Seit 1947 erinnert ein Denkmal an die sechs Personen aus Schönow, die sich am aktiven Widerstand gegen das nationalsozialistische Regime beteiligten und dafür verhaftet und schließlich ermordet wurden.

35 Reichsführerschule und SD-Schule Bernau / Berufsbildungszentrum

Erbaut 1928 – 30
Hannes-Meyer-Campus 9
16321 Bernau

Der Bauhaus-Direktor Hannes Meyer entwarf gemeinsam mit dem Architekten Hans Wittwe für den Allgemeinen Deutschen Gewerkschaftsbund (ADGB) einen Gebäudekomplex für eine Bundesschule bei Bernau, der in den Jahren 1928 bis 1930 errichtet wurde. Nach dem Machtantritt der Nationalsozialisten und der Enteignung des Gewerkschaftsvermögens wurde am 16. Juni 1933, in Anwesenheit von Adolf Hitler, dort die Reichsführerschule der NSDAP und der Deutschen Arbeitsfront (DAF) eröffnet. Die DAF war wenige Wochen zuvor nach der Auflösung und Gleichschaltung der bis dahin existierenden freien und unabhängigen Gewerkschaften gegründet worden und blieb bis 1945 der Einheitsverband der Arbeitnehmer und Arbeitgeber im »Dritten Reich«.

Führende Vertreter des NS-Regimes wie zum Beispiel Robert Ley, Alfred Rosenberg, Joseph Goebbels und Julius Streicher traten in Bernau als Gastdozenten auf. Neben dem ideologischen Unterricht standen auch Schieß- und wehr-

sportliche Übungen auf dem Stundenplan.
Im Sommer 1936 erfolgte eine Umnutzung des Komplexes zugunsten des Sicherheitsdienstes der SS (SD). In den folgenden Jahren wurden in der »SD-Schule Bernau bei Berlin«, so der offizielle Name, Angehörige der SS, des SD und der Gestapo geschult. Unter größter Geheimhaltung bildete man hier im Sommer 1939, kurz vor Ausbruch des Zweiten Weltkrieges, SS-Männer aus, die als Polen verkleidet in Oberschlesien Angriffe auf deutsche Einrichtungen vornehmen sollten, um so Argumente für einen Krieg gegen Polen zu liefern. Ab 1940 wurden in der Schule SS-Beauftragte der besetzten deutschen Gebiete »in Fragen der Rassen-, Deportations- und Siedlungspolitik« ausgebildet.
Nach dem Zweiten Weltkrieg wurden die Gebäude als Hochschule des Freien Deutschen Gewerkschaftsbundes (FDGB) genutzt und baulich in mehreren Phasen erweitert. Leiter der Einrichtung war bis 1960 Hermann Duncker, Mitbegründer der KPD und Widerstandskämpfer, der zeitweise im Zuchthaus Brandenburg-Görden (s. S. 59) inhaftiert gewesen war. Vor Ort erinnert eine Gedenktafel an sein Wirken.
Nach dem Ende der DDR siedelten sich hier Bildungseinrichtungen an.

36 Heeresbekleidungsamt Bernau / Ruine

Erbaut 1939–42
Schwanebecker Chaussee
16321 Bernau

Der imposante Komplex aus rotverklinkerten Verwaltungs- und Produktionsgebäuden an der Schwanebecker Chaussee wurde ab 1942 vom Heeresbekleidungsamt genutzt. Die Gebäude wurden in Stahlbetonskelettbauweise errichtet und standen damals für einen neuen sachlichen typisierten Stil von Rüstungsfabriken im »Dritten Reich«. Das bis zum Umzug in Berlin ansässige Amt konnte in Bernau durch bessere Standortbedingungen die Hauptverwaltung und einen Teil der Produktion zusammenfassen. Mehr als 1000 Personen waren in Bernau mit der Herstellung von Uniformen für die Wehrmacht beschäftigt. Im Schönfelder Weg entstand als Depot eine Nebenstelle des Amtes. Die beiden Gebäudekomplexe wurden nach dem Krieg von den sowjetischen Streitkräften unter anderem als Kaserne und Chemische Reinigung genutzt und stehen seitdem leer. Seit 2004 ist eine umfassende Altlastensanierung des Gebäudes im Schönefelder Weg im Gange. Der Komplex in der Schwanebecker Chaussee steht seit einigen Jahren unter Denkmalschutz.

Produktions- und Verwaltungsgebäude des ehemaligen Heeresbekleidungsamtes

Reichstatthalter Franz Ritter von Epp bei der Eröffnung des Kolonialpolitischen Schulungshauses in Ladeburg, 1938

37 Kolonialpolitisches Schulungshaus / Schäferhaus Ladeburg

Eröffnet 1938
Schmetzdorfer Straße 2
16321 Bernau OT Ladeburg

Viele Prominente des NS-Regimes und lokale Persönlichkeiten waren am 29. Oktober 1938 bei der Eröffnung des kolonialpolitischen Schulungshauses in Ladeburg anwesend. Nachdem Deutschland nach dem Ersten Weltkrieg mit den Bestimmungen der Versailler Verträge seinen Anspruch auf die eigenen Kolonien hatte aufgeben müssen, waren in der Weimarer Republik verschiedene Bewegungen bestrebt, die einstigen Kolonien zurückzugewinnen.
Der Machtantritt der Nationalsozialisten, die forcierte Aufrüstung und eine auf Expansion gerichtete Rhetorik nährten die Hoffnungen der Kolonialrevisionisten, ihre Ziele bald verwirklichen zu können. Zumal das kolonialpolitische Amt, eine Unterorganisation der NSDAP, seit 1934 von Franz Ritter von Epp geleitet wurde, einem Kolonialveteranen, der als Kompanieführer der kaiserlichen »Schutztruppe« in Deutsch-Südwestafrika beim Krieg gegen die Herero dabei gewesen war, bei dem zwischen 1904 und 1908 etwa 50 000 bis 100 000 Herero getötet worden waren. Im Mai 1936 wurde Epp ebenfalls zum Bundesführer des Reichskolonialbundes (RKB) ernannt, der nun die verschiedenen Kolonialorganisationen zusammenfasste und gleichschaltete. Noch vor Beginn des Zweiten Weltkrieges plante das Amt die Errichtung eines »Mittelafrikanischen Kolonialreichs« vom Atlantik bis zum Indischen Ozean, das die Heimat mit Rohstoffen und exotischen Produkten versorgen sollte. Spätestens mit der Niederlage in Stalingrad wurden sämtliche nicht kriegswichtigen staatlichen Überlegungen eingefroren – dazu gehörten auch die kolonialpolitischen –, und die Pläne verschwanden in der Schublade.
Mit Ende des Zweiten Weltkrieges zogen in das Bernauer Gebäude Flüchtlinge ein. Ende der 40er Jahre wurde das ehemalige Gutshaus in ein Schulungs- und Erholungsobjekt umgewandelt und ist heute Sitz einer Pflegeeinrichtung.

38 Ausbildungsstätte der NS-Volkswohlfahrt im Schloss Blumberg / abgerissen

Genutzt 1933–44
Freienwalder Chaussee
16356 Ahrensfelde OT Blumberg

Nach der Deutschen Arbeitsfront (DAF) war die NS-Volkswohlfahrt (NSV) mit etwa 17 Millionen Mitgliedern (1943) die zweitgrößte Massenorganisation im

Schloss Blumberg, 1940

»Dritten Reich«. Nach dem Machtantritt der Nationalsozialisten wurde die NSV am 3. Mai 1933 im Zuge der Gleichschaltung und des Verbots der Arbeiterwohlfahrt als staatliche Organisation gegründet. Die NSV unterstützte unter anderem bedürftige Familien mit finanziellen Zuwendungen oder eröffnete eigene staatlich subventionierte Kindergärten. Der NSV unterstanden weitere Hilfswerke und Institutionen wie zum Beispiel das »Hilfswerk ›Mutter und Kind‹«, das Winterhilfswerk und der Bahnhofsdienst.

Während des Zweiten Weltkrieges war die NSV maßgeblich an der Organisation der Kinderlandverschickung beteiligt, deren Ziel es war, Kinder unter zehn Jahren in ländliche, nicht von Bombenangriffen bedrohte Gegenden zu bringen. Andere Wohlfahrtsverbände wie das Deutsche Rote Kreuz (s. S. 77) oder die Caritas wurden von der NSV bis Ende des Zweiten Weltkrieges an den Rand gedrängt.

Ab Mitte der 30er Jahre wurde das Schloss Blumberg als Aus- und Weiterbildungsstätte der NSV, als »Reichs-

Teilnehmerinnen des Reichsseminars der Volkswohlfahrt in Blumberg, 1940

seminar Blumberg« mit Internatscharakter genutzt. Die Wehrmacht übernahm ab etwa Ende 1944 das Schloss als Gefechtsstand und als Unterkunft. Während der Kämpfe um Berlin wurde es zerstört.
Nach Kriegsende richtete man den Schlosspark wieder her. An die Zeit als Ausbildungsstätte der NSV erinnert heute jedoch nichts mehr.

39 Fliegerhorst Werneuchen/ Erprobungsstelle für Radar und Funk/Flugplatz Werneuchen

Erbaut 1936/37
Reichweinstraße
16356 Werneuchen

Nach der Gründung der Luftwaffe der Wehrmacht im März 1935 begannen die Nationalsozialisten sogleich auch mit der Planung von Ausbauarbeiten mehrerer Flugplätze. Diese waren bis zu diesem Zeitpunkt unter dem Deckmantel einer zivilen Nutzung betrieben worden, da es Deutschland durch die Versailler Verträge verboten war, eine eigene militärische Luftstreitkraft aufzubauen.
Mit der umfangreichen Aufrüstung der Wehrmacht und der Gründung der Luftwaffe setzten sich die Nationalsozialisten über diese Vereinbarungen gezielt hinweg.
Neben dem Ausbau vorhandener Anlagen wurde der Neubau von militärischen Fliegerhorsten beschlossen. So auch östlich der Stadt Werneuchen, wo man ab 1936 einen neuen Fliegerhorst mit einer Vielzahl von Gebäuden und Flugzeughallen errichtete, die 1937 an die Luftwaffe übergeben wurden. Zunächst diente das Areal zur Ausbildung von Piloten und technischem Personal, wobei man dort auch ausländische Verbündete ausbildete.
Mit Beginn des Zweiten Weltkrieges durch den Überfall auf Polen wurden auf dem Fliegerhorst unterschiedliche kämpfende Einheiten stationiert sowie eine zusätzliche Erprobungsstelle für Radar- und Funkanlagen aufgebaut, die es ermöglichen sollten, »feindliche« Flugzeuge frühzeitig zu erkennen und dann bekämpfen zu können. Mit dem deutschen Überfall auf die Sowjetunion im Sommer 1941 entsandte der spanische Staatschef und Diktator General Francisco Franco rund 40 hochdekorierte spanische Kampfpiloten ins »Dritte Reich«, um an der Seite der Wehrmacht am »Kreuzzug gegen den

Hauptzufahrt zum Fliegerhorst Werneuchen, 1937

Ehemalige Flugleitung des Fliegerhorstes Werneuchen

Bolschewismus« teilzunehmen. Nach einer kurzen Schulung auf deutschen Jagdflugzeugen in Werneuchen wurden die spanischen Piloten von hier aus an die Front geschickt.

Den Flugplatz und die ehemalige Garnison nutzte die Rote Armee nach 1945 für die Stationierung eigener Luftstreitkräfte. Am Rande des Platzes entstand ab den 70er Jahren ein verbunkertes Sonderwaffenlager, in dem auch Nuklearwaffen gelagert werden konnten. Seit dem Abzug der Russen 1993 wird das Gelände teilweise renaturiert, teilweise als ziviler Flugplatz genutzt.

An die militärische Geschichte der Region mahnt ebenfalls der weithin sichtbare Radarturm der ehemaligen Erprobungsstelle im benachbarten Ort Weesow, wo von Mai bis August 1945 das sowjetische Speziallager Nr. 7 existierte, das danach auf das Gelände des ehemaligen KZ Sachsenhausen verlagert wurde. Dessen Opfer wurden in einer nahen Kiesgrube in anonymen Massengräbern bestattet.

40 Dorfschule Tiefensee / Kindergarten Tiefensee

Adolf-Reichwein-Straße 13
16259 Werneuchen OT Tiefensee

Adolf Reichwein (1898–1944), Sozialist und Professor an der Pädagogischen

Ehemalige Dorfschule Tiefensee

Akademie in Halle/Saale, wurde von den Nationalsozialisten 1933 aus politischen Gründen entlassen. Reichwein zog sich in die »innere Emigration« zurück und nahm kurze Zeit später eine Stelle als Volksschullehrer einer Ein-Klassen-Schule in Tiefensee an. Hier erprobte er erfolgreich unterschiedliche Reformen des Schulunterrichts. Diese Arbeit brachte ihm viel Anerkennung ein, doch aus Angst, man wolle ihn und seine Schule als NS-Vorzeigeschule missbrauchen, kündigte er die dortige Anstellung und nahm ab 1938 eine Stelle im Berliner Museum für Volkskunde an.
Nach Beginn des Zweiten Weltkrieges engagierte sich Reichwein in der bürgerlich-zivilen Widerstandsgruppe des »Kreisauer Kreises«. Reichwein wurde schließlich am 4. Juli 1944 auf dem Weg zu einem Treffen mit Kommunisten von der Gestapo verhaftet. Kurze Zeit später verurteilte der Volksgerichtshof Reichwein und weitere Widerständler wie zum Beispiel Julius Leber bei einem Schauprozess am 20. Oktober 1944 zum Tode. Das Urteil wurde noch am selben Tag in Berlin-Plötzensee vollstreckt.
Am ehemaligen Schulgebäude, in dem heute ein Kindergarten untergebracht ist, erinnert seit 1969 eine Gedenktafel an die Arbeit Reichweins.

41 Synagoge Strausberg/ Gedenktafel

Erbaut 1817
Jungfernstraße
15344 Strausberg

Anfang 1933 lebten in Strausberg etwa 70 Personen jüdischen Glaubens. In der Reichspogromnacht am 9. November 1938 wurde die Strausberger Synagoge von Angehörigen der SA zerstört. Das gleiche Schicksal erlitt der jüdische Friedhof in der Nähe des Fähranlegers. Etwa 20 Strausberger Juden wurden bis 1945 in die Konzentrations- und Vernichtungslager in Osteuropa deportiert.
In der Nähe des Standorts der ehemaligen Synagoge erinnert seit dem 70. Jahrestag der Pogromnacht am 9. November 2008 eine Gedenktafel an der Stadtmauer (Ecke Müncheberger Straße) an die Zerstörung des Gebäudes. Die Überreste des jüdischen Friedhofes wurden in den 60er Jahren vollständig abgeräumt. Die noch vorhandenen Grabsteine warf man dabei achtlos in den nahen Straussee. Seit 1988 erinnert eine Gedenktafel an der ehemaligen Begrenzungsmauer des jüdischen Friedhofes an den geschändeten Ort. 1993 wurden bei einer Tauchaktion einige dieser Grabsteine geborgen und wieder aufgestellt.

Gedenkplatte am ehemaligen jüdischen Friedhof in Strausberg

Zentrales Mahnmal für die Opfer des NS-Regimes in Strausberg

42 Mahnmal-Anlage für die Opfer des NS-Regimes

Wriezener Straße/Badstraße
15344 Strausberg

Auch in Strausberg wurden während des Krieges zahlreiche Zwangsarbeiter eingesetzt, so etwa im Märkischen Walzwerk, das 1935 in eine Munitionsanstalt umgewandelt wurde. Ab 1941 entstand ein Außenkommando des Konzentrationslagers Sachsenhausen (s. S. 22), wo mehr als 1500 Häftlinge zur Produktion von Munition für Handfeuerwaffen gezwungen wurden.
Die ab 1967 errichtete Mahnmal-Anlage in einem kleinen Park bestand bis zum Jahr 2000 aus mehreren Denkmälern. Ein großes, 1980 nach Entwürfen des Malers Josef Rogmann aufgestelltes Wandbild zeigte auf der einen Seite ausgemergelte und geschwächte KZ-Häftlinge, auf der anderen Seite eine Familie, die von einem Soldaten der nationalen Volksarmee (NVA) beschützt wird. Die sehr einfach gestrickte Propaganda hat wohl auch mit dem Umstand zu tun, dass die NVA damals der größte Arbeitgeber in der Stadt war. Nachdem der Erinnerungsort nach der Deutschen Einheit scheinbar in Vergessenheit geraten war und verfiel, wurde das Wandbild bei Umgestaltungsarbeiten der Grünanlage im Jahr 2000 abgerissen. Vor Ort erinnert heute nur noch ein einzelner Gedenkstein an die Opfer des Nationalsozialismus.

43 Widerstandstreffpunkt im Prötzeler Wald / Gedenkstein

Bundesstraße 168
(Parkplatz am Gamensee)
15345 Prötzel

Die im Widerstand gegen das NS-Regime agierenden Gruppen mussten sich heimlich treffen, um nicht verraten zu werden. So versammelten sich, versteckt im Wald südlich des Gamensees, am 24. August 1941 ungefähr 50 Mitglieder der kommunistischen Widerstandsgruppe um Robert Uhrig (s. S. 60), die in mehr als 20 Berliner Unternehmen organisiert war und deutschlandweit Kontakte zum kommunistischen Widerstand unterhielt. In einer dieser Widerstandszellen war auch der Ringer Werner Seelenbinder organisiert. Das KPD-Mitglied nahm europaweit an sportlichen Wettkämpfen teil und nutzte die Reisen, um Informations- und Propagandamaterial auszutauschen. Gemeinsam mit Beppo Römer brachte Uhrig das Untergrundblatt *Informationsdienst* heraus, in dem zu Sabotageaktionen gegen das NS-Regime aufgerufen wurde. Im Frühjahr 1942 wurden Uhrig und 200 weitere

Treffpunkt von Widerstandskämpfern in der Garmenschlucht

Mitglieder verhaftet und in verschiedenen Konzentrationslagern inhaftiert. Die Gruppe um Uhrig war zu dieser Zeit eine der größten kommunistischen Widerstandsgruppen in Berlin. Robert Uhrig wurde im Juni 1944 vom Volksgerichtshof zum Tode verurteilt und am 21. August 1944 im Zuchthaus Brandenburg (s. S. 59) hingerichtet.
Ein Gedenkstein erinnert seit mehreren Jahrzehnten an diesen geheimen Treffpunkt im Wald. Auf der gegenüberliegenden Straßenseite, etwas weiter in Richtung Prötzel, steht seit 1974 zudem ein kleines Mahnmal mit einer Gedenktafel, das ebenfalls an die Personen und das Treffen erinnert.

44 SA-Führerschule Prötzel / abgerissen

Genutzt 1930 - 37
Seestraße
15345 Prötzel OT Harnekop

Das 1763 erbaute Schloss Mon-Choix war bereits vor dem Machtantritt der Nationalsozialisten bis etwa 1937 ein Ausbildungs- und Schulungsobjekt der SA. Mitte der 20er Jahre, nach der Aufhebung des Verbots der NSDAP und ihrer Neugründung am 27. Februar 1925, wurden zahlreiche Ausbildungsstätten der NSDAP und der ihr angeschlossenen Organisationen im gesamten Reich aufgebaut. Die paramilitärische Kampf-

Adolf Hitler im Hauptquartier der Wehrmacht im Schloss Prötzel, März 1945

organisation der NSDAP, die Sturmabteilung (SA), wurde vorwiegend für gewalttätige Übergriffe auf politische Gegner, vor allem aber gegen Mitglieder der KPD und der SPD eingesetzt. Von Ernst Röhm wurde die SA zu einer schlagkräftigen und straff gegliederten Organisation umgebaut und konnte einen enormen Mitgliederzuwachs verzeichnen. Am Tag der »Machtergreifung« Adolf Hitlers am 30. Januar 1933 zählte die SA über 400 000 Mitglieder.
Nachdem die NSDAP mit Hilfe der Schläger- und Terrorkommandos der SA ihre Macht 1933/34 in Deutschland hatte festigen können, wurde die SA im sogenannten Röhm-Putsch entmachtet. Zuvor gezielt gestreute Gerüchte, die SA plane einen Putsch, dienten als Vorwand, um den einflussreichen Ernst Röhm und weitere SA-Führer zu ermorden. Fortan war die SA nahezu bedeutungslos, auch wenn sie im November 1938 im Rahmen der Reichspogromnacht im ganzen Land erneut als Terrorkommando eingesetzt wurde.
Am 3. März 1945 reiste Adolf Hitler das letzte Mal an die Front und besuchte für wenige Stunden den Stab der Oderfront, der im Schloss Mon-Choix Quartier bezogen hatte.
Das Gebäude, an das heute nichts mehr erinnert, ist 1946 von der Sowjetarmee gesprengt worden.

45 Gut Sonnenburg – Residenz von Joachim von Ribbentrop / Privatgelände

Sonnenburger Weg
16259 Bad Freienwalde OT Sonnenburg

In den Jahren 1936 bis 1945 war das ehemalige Rittergut »Sonnenburg« im Besitz des Reichsaußenministers Joachim von Ribbentrop, der das Anwesen sowohl als privaten Rückzugs- und Erholungsort als auch zur Pferdezucht nutzte. Ab 1938 erfolgten von Albert Speer geplante Umbaumaßnahmen.
So entstand unter anderem auch ein Luftschutzbunker.
Der Unternehmer Joachim von Ribbentrop war bereits 1932 der NSDAP beigetreten und wurde 1935 zum »Außerordentlichen und Bevollmächtigten Botschafter des Deutschen Reiches« ernannt. Nachdem er 1935 das deutsch-britische Flottenabkommen mit Großbritannien ausgehandelt hatte, das dem Deutschen Reich unter Auflagen gestattete, wieder eine eigene Kriegsmarine aufzubauen, wurde Ribbentrop 1938 zum Reichsaußenminister ernannt.
Auf Gut Sonnenburg fanden einige Empfänge von Politikern statt. 1939 arbeitete Ribbentrop dort die Verträge für den deutsch-sowjetischen Nichtangriffspakt aus, der am 24. August 1939 in Moskau (mit Datum vom 23. August)

Hauptgebäude des Guts Sonnenburg

unterzeichnet wurde. Wegen der zunehmenden Luftangriffe auf Berlin evakuierte Ribbentrop sein Büro samt Mitarbeiterstab aus der Berliner Innenstadt auf das Gut. Als die Rote Armee immer weiter vorrückte, wurde auch dieses Quartier aufgegeben. Ribbentrop flüchtete nach Hamburg und tauchte dort unter falschem Namen unter. Im Sommer 1945 wurde er schließlich verhaftet und während der Nürnberger Prozesse wegen Verschwörung, Verbrechen gegen den Frieden, Kriegsverbrechen und Verbrechen gegen die Menschlichkeit zum Tode verurteilt.

Nach dem Zweiten Weltkrieg wurde das Anwesen enteignet und bot in den kommenden Jahren Flüchtlingen aus den ehemaligen Ostgebieten ein neues Zuhause.

Das Gut steht heute unter Denkmalschutz und wurde 2008 von einer Unternehmerin erworben, die die Gebäude allmählich sanieren lassen will.

46 John-Heartfield-Haus

Schwarzer Weg 12
15377 Waldsieversdorf

Der 1891 in Berlin-Schmargendorf geborene Helmut Herzfeld gründete nach dem Studium an der Kunstgewerbeschule in München und der Kunst- und Handwerkerschule in Berlin-Charlottenburg 1916 zusammen mit seinem Bruder Wieland Herzfelde den Malik-Verlag. Helmut Herzfeld, der als Erfinder der politischen Fotomontage gilt, legte sich aus Protest gegen den englandfeindlichen Nationalismus in Deutschland bereits 1916 den Künstlernamen John Heartfield zu.

Als die Nationalsozialisten die Macht in Deutschland übernahmen, flüchtete er ins Exil in die Tschechoslowakei und nach der Besetzung des Sudetenlandes 1938 nach Großbritannien, von wo er erst 1950 in die DDR zurückkehrte, da sein Bruder als Professor für Literatur an der Universität Leipzig tätig war. Ab 1957 nutzte er sein Sommerhaus in

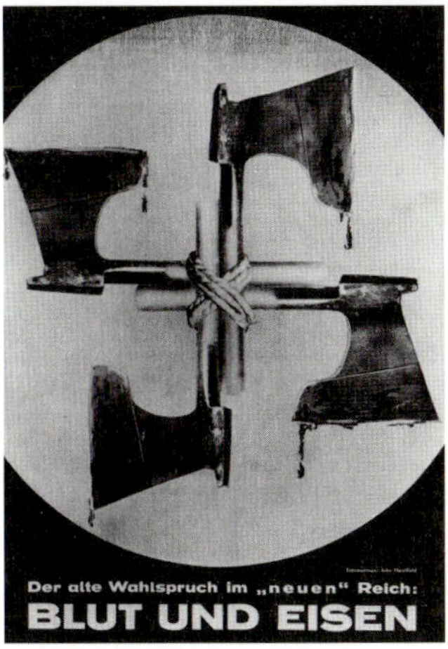

Fotomontage von John Heartfield, 1943

Fotomontage John Heartfields zu den Olympischen Sommerspielen, 1936

Waldsieversdorf als Rückzugsort; im selben Jahr erhielt er den Nationalpreis für Kunst und Literatur der DDR. John Heartfield verstarb 1968; sein Sommerhaus wurde 2010 als Gedenk- und Erinnerungsstätte hergerichtet.

47 Schloss Neuhardenberg

Schinkelplatz
15320 Neuhardenberg

Das aus dem 18. Jahrhundert stammende Schloss wurde von 1820 bis 1823 nach Plänen von Karl Friedrich Schinkel umgebaut und der Park parallel dazu von Hermann von Pückler-Muskau und Peter Joseph Lenné umgestaltet. 1921 übernahm Carl-Hans Graf von Hardenberg die Verwaltung des Anwesens, der sich bis 1933 als Lokalpolitiker engagierte. Da er nicht in die NSDAP eintreten wollte, musste er nach der Machtübernahme der Nationalsozialisten alle seine politischen Ämter aufgegeben.
Hardenberg wurde mit Kriegsbeginn in die Wehrmacht einberufen. Im Juli 1941 wurde er nach dem Angriff auf die Sowjetunion im Raum Borissow Zeuge einer Massenexekution an Tausenden von Juden. Dies verstärkte seine Ablehnung gegen Hitlers Politik. Der Graf schloss sich der Widerstandsgruppe um Claus Schenk Graf von Stauffenberg

Carl-Hans von Hardenberg, ca. 1944

(1907–1944) an. Das Schloss Neuhardenberg fungierte während dieser Zeit als wichtigster Treffpunkt für die Widerstandsgruppe, die hier auch das Attentat auf Adolf Hitler im »Führerhauptquartier Wolfsschanze« in Ostpreußen für den 20. Juli 1944 plante.
Nach dem gescheiterten Attentat versuchte sich Hardenberg im Schloss das Leben zu nehmen, was misslang. Er wurde verhaftet und ins Konzentrationslager Sachsenhausen (s. S. 22) gebracht, wo er das NS-Regime überlebte. Die Hardenbergs, von der sowjetischen Besatzungsmacht enteignet, siedelten in den Westen um. Nach der Deutschen Einheit wurde das Anwesen der Familie

Schloss Neuhardenberg

von Hardenberg zurückübertragen, die es 1997 an den Deutschen Sparkassen- und Giroverband verkaufte. Wenig später wurde die Stiftung Neuhardenberg ins Leben gerufen. Seit den im Jahr 2002 abgeschlossenen umfangreichen Renovierungsarbeiten im Schloss und auf dem angrenzenden Areal finden dort regelmäßig kulturelle Veranstaltungen statt.

48 Museum Seelower Höhen

Küstriner Straße 28a
15306 Seelow
Öffnungszeiten: Apr-Okt: Di-So 10-17 Uhr, Nov-März: Di-So 10-16 Uhr
www.gedenkstaette-seelower-hoehen.de

Spätestens nach der Niederlage der Wehrmacht in Stalingrad rückte die Rote Armee unaufhaltsam nach Westen vor. Nachdem sie zahlreiche Verteidigungslinien in den östlichen Gebieten des Deutschen Reiches, wie beispielsweise die Festungsfront Oder-Warthe-Bogen (s.S. 56), überwunden oder einfach umgangen hatte, sammelten sich die sowjetischen Truppen östlich der Oder-Neiße-Linie im Februar und März 1945.
Am 16. April 1945 begann der Sturm auf Berlin. Unter dem Schutz des Feuers von 16 000 bis 20 000 sowjetischen Artilleriegeschützen überquerten bis zu einer Million Soldaten die Oder. Diesem gewaltigen Heer standen knapp 100 000 deutsche Soldaten und Angehörige des Volkssturms gegenüber, zusammengewürfelt aus unterschiedlichen Einheiten und mit weitaus weniger Geschützen. Unter dem enormen Verlust von mehr als 100 000 Soldaten auf beiden Seiten wurde die Front vollkommen sinnlos für vier Tage gehalten, bis sie am 19. April 1945 zusammenbrach. Der Weg nach Berlin war für die Rote Armee nun frei.
Bereits im Winter 1945/46 wurde ein erstes Ehrenmal der Roten Armee in Seelow errichtet, das 1972 von DDR-Behörden zu einer nationalen Gedenkstätte samt Museum umgebaut wurde. Nach der Deutschen Einheit wurde die Gedenkstätte geschlossen und das bisher einseitige Ausstellungskonzept überarbeitet. 1995 erfolgte die offizielle Wiedereröffnung. 2011 wurde eine erneute Überarbeitung des Museumskonzeptes beschlossen.
Der Bunker von Marschall Georgij Shukow, der die Operation der Roten Armee befehligte, und die angrenzenden Anlagen wurden in ihren Grundzügen in den letzten Jahren wieder hergerichtet und können im Rahmen einer Freiluftausstellung auf dem Reitweiner Sporn besichtigt werden.

Ausstellungsstücke vor der Gedenkstätte Seelower Höhen

Zugang zum umgebauten Produktionsbunker für N-Stoff in Falkenhagen

49 N-Stoff-Werk Falkenhagen/Ruine
Erbaut 1938–45
Betonstraße
15306 Falkenhagen (Mark)

Mitten im Wald zwischen Falkenhagen und Treplin entstand ab 1938 ein streng geheimes Rüstungswerk der Monturon GmbH unter dem Tarnnamen »Seewerk«. Das Unternehmen war ein verschleierter staatlicher Betrieb, denn das Oberkommando des Heeres (OKH) betrieb unter Beteiligung der IG Farben AG und der Montan GmbH, die jeweils 50 Prozent hielten, diese Fabrik. Neben den oberirdischen Gebäuden entstand auch ein gewaltiger unterirdischer Bauwerkskomplex zur geplanten Herstellung von neuartigem Chlortrifluorid (Tarnname »N-Stoff«).
Dieses hochreaktive und aggressive Mittel sollte als Kampfstoff oder Brandmittel eingesetzt werden, da es fast alle Materialien (auch Beton und Granit), mit denen es in Berührung kam, zerstörte. Auch der Einsatz als Zusatzmittel in Raketentreibstoff wurde in einem eigenen Forschungsbetrieb am Schwarzen See in Falkenhagen erprobt.
Parallel dazu entstand 1943/44 direkt angrenzend am N-Stoff-Werk eine Produktionsanlage für das Nervengas Sarin. Damit die Baumaßnahmen schneller abgeschlossen werden konnten, errichtete man auch hier ein Außenlager für Häftlinge des KZ Sachsenhausen (s. S. 22). Mehrere hundert Häftlinge, zumeist verschleppte Personen aus Osteuropa, mussten beim Aufbau der beiden Rüstungsfabriken helfen.
Glücklicherweise wurden die Fabriken nicht fertiggestellt, da beide Stoffe in Massenvernichtungswaffen hätten Verwendung finden sollen.
Nach dem Krieg wurden die schon installierten Fabrikationssysteme demontiert und in die Sowjetunion verfrachtet. In den 70er Jahren entstand im unterirdischen Bunkersystem einer der wichtigsten Gefechtsstände der Sowjetarmee auf dem Gebiet der DDR.
Mit dem Abzug der russischen Truppen 1994 setzte auch der Zerfall des Geländes ein. Schrottdiebe und Umweltsünder toben sich seitdem dort aus. Die Gemeinde ist scheinbar machtlos.

50 Polizei- und Gerichtsgefängnis/ Gedenk- und Dokumentationsstätte »Opfer politischer Gewaltherrschaft« 1930–1945/1945–1989
Collegienstraße 10
15230 Frankfurt (Oder)
Öffnungszeiten: Di, Do 10–17 Uhr; Mi, Fr nur nach Voranmeldung
www.museum-viadrina.de

Das ab 1812 in mehreren Bauphasen erweiterte Gefängnisgebäude ist eine der ältesten Strafvollzugsanstalten in

Ehemaliges Polizei- und Gerichtsgefängnis in Frankfurt (Oder)

Brandenburg. Zwischen 1933 und 1945 diente das Gefängnis der Gestapo in Frankfurt (Oder) als Haftanstalt. Politische Gegner, sogenannte Asoziale und Arbeitsscheue, Homosexuelle, Juden und Zwangsarbeiter wurden hier inhaftiert, bevor sie in andere Straf- oder Konzentrationslager gebracht wurden. Laut Zeitzeugen fanden hier auch Hinrichtungen statt.
Nach dem Zweiten Weltkrieg wurde das Gefängnis weiterhin als Untersuchungshaftanstalt genutzt, zuerst von den sowjetischen Besatzern, dann von etwa 1950 bis 1969 vom Ministerium für Staatssicherheit (MfS) und schließlich bis 1989 von der Volkspolizei. Zwischen 1950 und 1952 wurden hier zwölf verurteilte Häftlinge durch ein Sonderkommando der Volkspolizei hingerichtet.
Heute befindet sich am historischen Ort die Gedenk- und Dokumentationsstätte »Opfer politischer Gewaltherrschaft« 1930–1945/1945–1989.

51 Synagoge Frankfurt (Oder)/ Gedenkstein
Erbaut 1822/23
Karl-Marx-Straße (Brunnenplatz)
15230 Frankfurt (Oder)

Anfang der 30er Jahre lebten in Frankfurt (Oder) etwa 800 Juden. Das zuvor liberale Klima in der Stadt veränderte

Willy Jentsch (1892 – 1966)

Der Eisenbahner und SPD-Parteisekretär des Unterbezirks Frankfurt (Oder) Willy Jentsch wurde von den Nationalsozialisten im Frühjahr 1933 verhaftet, obwohl er als Stadtverordneter, Mitglied des Provinziallandtages und als stellvertretendes Mitglied des Preußischen Staatsrates politische Immunität besaß. Man verschleppte ihn in das Konzentrationslager Sonnenburg, wo er bis September 1933 inhaftiert war.
Nach seiner Freilassung engagierte er sich trotz permanenter polizeilicher Überwachung gegen das NS-Regime. Er organisierte in Frankfurt und Umgebung eine kleine Widerstandsgruppe, die die Bevölkerung mit Flugblättern auf das verbrecherische Regime aufmerksam machen wollte. Im Dezember 1935 wurden Jentsch und weitere Mitglieder seiner Gruppe verhaftet und 1936 verurteilt. Jentsch musste seine Strafe in der Haftanstalt Luckau (s. S. 94) absitzen und wurde später in das KZ Buchenwald überführt, wo er das Ende des Krieges erlebte. Während seiner Haftzeit trat er aus der SPD aus und in die KPD ein. Nach dem Ende des Zweiten Weltkrieges wurde Willy Jentsch bis Mitte 1950 zuerst stellvertretender, dann Oberbürgermeister von Frankfurt (Oder).

Synagoge in Frankfurt (Oder), um 1910

sich nach dem Machtantritt der Nationalsozialisten rapide. Immer lauter wurde nun die antijüdische Propaganda. In der Reichspogromnacht am 9. November 1938 wurde die Inneneinrichtung der 1823 eröffneten Synagoge verwüstet und zerstört. Nach Kriegsbeginn wurden die jüdischen Bewohner Frankfurts, die bis dahin die Stadt noch nicht verlassen hatten, in verschiedene Konzentrationslager deportiert. Nur wenige konnten untertauchen. Die stark beschädigte Synagoge diente anschließend bis 1945 als Papierlager.
Nach dem Krieg wurde das Gebäude abgerissen. 1988 wurde ein erster Gedenkstein aufgestellt, der sich seit

Gedenktafel Synagoge Frankfurt (Oder)

1994 samt Informationstafel nun am ehemaligen Standort der Synagoge befindet. In der Stadt erinnern darüber hinaus zahlreiche Stolpersteine an ehemalige jüdische Bewohner.

52 Gestapo-Leitstelle Frankfurt (Oder) / Europa-Universität Viadrina

Große Scharrnstraße 59
15230 Frankfurt (Oder)

Das Gebäude, das einst der preußischen Regierung gehörte, wurde zwischen 1935 und 1945 von der Geheimen Staatspolizei (Gestapo) genutzt, die von hier aus den nationalsozialistischen Terror in Frankfurt und Umgebung steuerte, die Verfolgung der jüdischen Bevölkerung organisierte und die Ausschaltung der Widerständler gegen das NS-Regime betrieb.
Die Gestapo wurde 1936 dem Reichsführer SS Heinrich Himmler unterstellt. 1939 erfolgte die Verschmelzung der Gestapo mit weiteren polizeilichen Organisationen zum Reichssicherheitshauptamt (RSHA), dessen Abteilung IV sich weiterhin der Bekämpfung der inneren Gegner widmete.
Seit 1991 ist die ehemalige Gestapo-Leitstelle das Hauptgebäude der Europa-Universität Viadrina. Dort fehlt eine Gedenktafel, die an die Nutzung während der NS-Zeit erinnert.

Ehemalige Gestapo-Leitstelle in Frankfurt (Oder)

GAUFORUM FRANKFURT (ODER)

Nachdem Frankfurt (Oder) zur Hauptstadt des Gaus »Mark Brandenburg« bestimmt worden war, entwickelte die Gauleitung verschiedene Pläne für einen Stadtumbau, um dem neuen repräsentativen Anspruch einer Gau-Hauptstadt Rechnung zu tragen. Die Vorgaben für die Entwürfe sahen vor, unter den Aspekten der Verkehrsinfrastruktur und des Wohnungsbaus jeweils monumentale Plätze für 100 000 Personen am westlichen Ufer der Oder sowie verschiedene Verwaltungs- und Veranstaltungsbauten und ein Gauforum einzuplanen. Mehrere Architekten und Architekturbüros beteiligten sich und entwarfen Modelle für eine Umgestaltung des zentralen Stadtbereiches wobei sich die Entwürfe für das Gauforum zumeist an der Gestalt ostdeutscher mittelalterlicher Ordensburgen orientierten, um es als Bollwerk an der Oder gegen den Osten darzustellen. Die Planungen wurden bis 1941 forciert, aber dann angesichts des Kriegsverlaufes ausgesetzt und schließlich ganz fallengelassen. Nach dem Zweiten Weltkrieg wurde Frankfurt völlig neu aufgebaut.

Entwurf für das Gauforum Frankfurt (Oder), 1941

Panzersperren am Panzerwerk 717

FESTUNGSFRONT ODER-WARTHE-BOGEN

Mit dem Ende des Ersten Weltkrieges und den Versailler Verträgen von 1919 wurde die Anzahl der Gesamtstreitkräfte der Reichswehr auf 115 000 Personen beschränkt. 15 000 Soldaten entfielen dabei auf die Marine, der Rest auf das Heer. Der Aufbau einer eigenen Luftwaffe war Deutschland generell verboten.

Während die Westgrenze für die Errichtung von militärischen Anlagen tabu war, wurden bereits ab Ende der 20er Jahre vom Oberkommando der Reichswehr verschiedene Überlegungen angestellt, wie die östliche Reichsgrenze mit möglichst wenig Personal militärisch zu sichern und zu befestigen wäre. Anfang der 30er Jahre erfolgten erste leichte Ausbauten im nördlichen und südlichen Bereich der östlichen Grenze.

Nachdem die Nationalsozialisten die Macht übernommen hatten, beschlossen sie den verstärkten Ausbau des mittleren Bereiches der Ostgrenze zwischen den Flüssen Oder und Warthe. Bei einer Begehung vor Ort im Oktober 1935 erläuterten der damalige Oberbefehlshaber des Heeres, Generaloberst Werner von Fritsch, und der Inspekteur der Pioniere und Festungen, Otto-Wilhelm Förster, dem »Führer« das Prinzip eines gestaffelten befestigten Grenzabschnittes. Nachdem Hitler den erweiterten Ausbau persönlich genehmigt hatte, begannen wenige Monate später die eigentlichen umfangreichen Baumaßnahmen des knapp 100 Kilometer langen Festungssystems im Lebuser Land, das sogenannte Panzerwerke, Panzerbatterien und Artilleriewerke umfasste.

Im zentralen Abschnitt des militärischen Komplexes verband man die oberirdischen Kampf- und Beobachtungsbunker durch ein verzweigtes Tunnelsystem mit einer Gesamtlänge von knapp 30 Kilometern. Zur Versorgung der verschiedenen Einrichtungen wurde eine eigene Untergrundbahn projektiert und die Gleisanlagen bereits ausgeführt. Bei den Bauarbeiten wurden mehr als 10 000 Arbeiter eingesetzt. Nach einem erneuten Besuch der Baustelle verhängte Hitler 1938 einen sofortigen Baustopp. Die Anlagen seien »wertlose Mausefallen ohne Feuerkraft mit ein oder zwei kümmerlichen MG-Türmen« und »Festungen, die nur der Konservierung von Nichtkämpfern dienen«, erklärte er. So wurde der Bau eingestellt, um personelle und materielle Ressourcen zu schonen. Weiterhin benutzbares Baumaterial und ein Großteil der militärischen Einrichtungen wurden auf die Baustellen des ab 1936 errichteten

Westwalls und später des Atlantikwalls transportiert und dort eingebaut.
Nach der Besetzung Polens war die Festungsfront Oder-Warthe-Bogen ohnehin militärisch sinnlos geworden, da sie sich nicht mehr an einer Außengrenze, sondern inmitten des neuen Verwaltungsgebietes befand. Die in großen Teilen nun leerstehende und zweckfreie Bunkeranlage wurde von verschiedenen Rüstungsbetrieben als bombensicherer Produktionsstandort zwischengenutzt.
Nach der Niederlage in Stalingrad und als die Rote Armee immer weiter nach Westen vorrückte, wurde der Wiederaufbau der Festungsfront beschlossen. Allerdings fehlte es 1944 nicht nur an den entsprechenden militärischen Einbauten und Waffen, sondern auch an einer knapp 5000 Mann starken und ausgebildeten Besatzung. Das provisorisch ausgebaute Verteidigungssystem wurde im Winter 1944/45 größtenteils mit Volkssturmeinheiten besetzt. Die Rote Armee konnte mit geringen Verlusten die Festung überwinden, zumal die Wasserkanäle und Stauanlagen, mit denen die Deutschen weite Landstriche hätten unter Wasser setzen können, um feindliche Truppen in bestimmte Richtungen zu lenken, im Winter zugefroren waren.

Nach dem Zweiten Weltkrieg wurden Teile des militärischen Komplexes von der Roten Armee und später von der polnischen Armee nachgenutzt. Die unterirdischen Anlagen dienen in den Wintermonaten als größtes Fledermaus-Quartier Europas. Der gesamte leerstehende Komplex kann im Rahmen von Führungen besichtigt werden. Außerdem haben sich vor Ort in den letzten Jahren zwei Museen etabliert, die über die Geschichte der Festungsanlage informieren.

Museum Festungsfront Oder-Warthe-Bogen/Panzerwerk 717
Pniewo 1
66-300 Miedzyrzecz (Meseritz)
Öffnungszeiten: Apr-Sept: 10-18 Uhr, Okt-März: Di-So 10-16 Uhr

Museum »Burschener Schleife«/ Panzerwerk Nord
Boryszyn
66-218 Lubrza (Liebenau)
Öffnungszeiten: Apr-Sept: 10-17 Uhr, Okt-März: 10-16 Uhr

Während der Fledermaus-Schutzzeit in den Wintermonaten darf das kilometerlange Hohlgangsystem beider Museen nicht betreten werden.

Hohlgangsystem mit unterirdischer Eisenbahn

Brandenburg (Havel) – Potsdam-Mittelmark – Potsdam – Teltow-Fläming – Elbe-Elster – Oberspreewald-Lausitz – Dahme-Spreewald – Oder-Spree – Spree-Neiße

SÜD-BRANDENBURG

Während der NS-Zeit wurden auch in den verschiedenen Landes- und Pflegeanstalten Brandenburgs im Rahmen des »Euthanasie«-Programms der Nazis systematisch Tausende Menschen getötet, allein in der Tötungsanstalt Brandenburg an der Havel – nur wenige hundert Meter von der Innenstadt entfernt – waren es 9972 im Jahr 1940. Gleichzeitig entstand im südlichen Brandenburg eine Reihe modernster Forschungslabore und Versuchsstätten für neue Technologien. So beschäftigte man sich in Kleinmachnow mit Telekommunikations- und in Horstwalde mit Fahrzeugtechnik. Außerdem entwickelten Forschergruppen in Kummersdorf eine neuartige Raketentechnologie und experimentierten in der Versuchsstelle Gottow gar mit einer Uranmaschine als Prototyp einer Atombombe.

1 Zuchthaus Brandenburg-Görden / Dokumentationsstelle Zuchthaus Brandenburg

Erbaut 1927–35
Anton-Saefkow-Allee 22
14772 Brandenburg an der Havel
Besuch nur nach Anmeldung
www.stiftung-bg.de

Am westlichen Stadtrand von Brandenburg an der Havel wurde in der Weimarer Republik mit dem Bau einer der damals sichersten und modernsten Haftanstalten begonnen. Ursprünglich war sie für bis zu 1800 Personen ausgelegt, aber unter der Herrschaft der Nationalsozialisten waren bis 1945 mehr als 4000 Personen gleichzeitig inhaftiert. Knapp die Hälfte von ihnen waren politische Häftlinge, es wurden hier aber auch gewöhnliche Kriminelle, Prostituierte sowie Roma und Sinti, Homosexuelle und weitere Verfolgte des NS-Regimes gefangen gehalten. Auf dem Zuchthausgelände entstanden verschiedene Werk- und Produktionsstätten, in denen die Häftlinge arbeiten mussten. Die Gefängnisverwaltung betrieb zudem eigene Außenlager (s. S. 5), in denen man die Häftlinge

▲ Innenhof des Zuchthauses Brandenburg-Görden, um 1945
◄ Heeressportschule in Wünsdorf, 1933

Robert Uhrig (1903–1944)

Robert Uhrig engagierte sich ab 1933 im Widerstand gegen das NS-Regime. Er arbeitete in Berlin-Moabit, war Mitglied der nach dem Reichtagsbrand verbotenen Kommunistischen Partei Deutschlands (KPD) und Leiter der Brandenburger Betriebsorganisation. Uhrig wurde 1934 wegen Zugehörigkeit zur im Untergrund agierenden KPD zu zwei Jahren Gefängnis verurteilt, die er in der Haftanstalt Luckau (s.S. 94) absaß. Kurz nach seiner Entlassung nahm er die Arbeit im Untergrund wieder auf und leitete in den kommenden Jahren mehrere Widerstandsgruppen. Ein Platz im Wald bei Prötzel (s.S. 46) diente der Gruppe um Uhrig als geheimer Treffpunkt. Ein Spitzel der Gestapo ließ die Widerstandsgruppe schließlich auffliegen, und Uhrig sowie 200 weitere Mitglieder wurden im Frühjahr 1942 verhaftet und anschließend im Konzentrationslager Sachsenhausen (s.S. 22) eingesperrt. Im Sommer 1944 verurteilte man Robert Uhrig vor dem Volksgerichtshof in Berlin zum Tode. Das Urteil wurde am 21. August 1944 im Zuchthaus Brandenburg (s.S. 59) vollstreckt. Seit 1987 erinnert am ehemaligen Berliner Wohnhaus von Robert Uhrig in Berlin-Charlottenburg (Alt-Lietzow 12) eine Gedenktafel an den Widerstandskämpfer.

zur Zwangsarbeit in der Landwirtschaft oder in Produktionsbetrieben einsetzte. Ab 1940 wurde im Zuchthaus Brandenburg eine Hinrichtungsstätte eingerichtet, in der bis Kriegsende 1722 Personen ermordet wurden, zumeist politische Gefangene und Widerstandskämpfer gegen das NS-Regime.

Am 27. April 1945 besetzte die Rote Armee die Haftanstalt und sperrte dort bis 1947 vornehmlich sowjetische Kollaborateure ein, die die Wehrmacht im Kampf gegen die Sowjetunion unterstützt hatten. Auch in der DDR und im wiedervereinigten Deutschland wurde das Zuchthaus genutzt. Heute heißt das Gefängnis JVA Brandenburg an der Havel. Die Stiftung Brandenburgische Gedenkstätten unterhält im ehemaligen Hinrichtungstrakt eine Dokumentationsstelle, die nach vorheriger Anmeldung besichtigt werden kann.

2 Landesanstalt Brandenburg-Görden / Asklepios Fachklinikum Brandenburg an der Havel

Anton-Saefkow-Allee 2
14772 Brandenburg an der Havel
Öffnungszeiten Ausstellung: Di, Do, Sa, So: 10–17 Uhr; Führungen: Do nach Vereinbarung

Ab 1911 wurde die Heil- und Pflegeanstalt Brandenburg-Görden für körperlich und geistig behinderte Mitmenschen eröffnet. Die Leitung der Einrichtung übernahm 1938 Dr. Hans Heinze, der 1933 der NSDAP beitrat und im Rassenpolitischen Amt des Gaus »Kurmark« tätig war. Heinze entschied im Rahmen der »Aktion T4« (s.S. 63) als einer der ersten Gutachter über Leben und Tod der Patienten. Nach der offiziellen Einstellung der »Euthanasie«-Morde in Brandenburg-Görden leitete Heinze ab 1941/42 ein Gehirnforschungsprojekt in der Klinik und untersuchte, inwieweit geistig behinderte Menschen »lern- und dressierfähig« seien.

Mit dem Ende des Zweiten Weltkrieges wurde Hans Heinze verhaftet und in das

Die ehemalige Landesklinik Brandenburg-Görden

sowjetische Speziallager Nr. 7 nach Sachsenhausen gebracht. Nach seiner Entlassung Anfang der 50er Jahre arbeitete er wieder als Arzt im Gesundheitswesen. Ein Ermittlungsverfahren der deutschen Justiz, das 1962 von der Staatsanwaltschaft Hannover beantragt wurde, wurde aus gesundheitlichen Gründen 1965 endgültig eingestellt. Heute stehen die Gebäude der Klinik und der Park unter Denkmalschutz. Seit 2004 erinnert dort eine Ausstellung an die Geschichte und die Opfer der Anstalt während der nationalsozialistischen Diktatur. Auf dem Klinikgelände befindet sich auch ein jüdischer Friedhof.

3 Mahnmal-Anlage Marienberg

Marienberg
14770 Brandenburg an der Havel

Im Krematorium nördlich des Marienberges hat man viele Leichname von Häftlingen, die im Zuchthaus Brandenburg während der NS-Zeit ermordet wurden, verbrannt und eingeäschert. Die Urnen wurden anschließend auf verschiedenen Friedhöfen der Stadt beigesetzt.
Bereits 1947 wurde in der Nähe des Krematoriums eine Mahnmal-Anlage für die hingerichteten Angehörigen des Widerstands eingeweiht. Zahlreiche bekannte Widerstandskämpfer, wie

Mahnmal-Anlage Marienberg in Brandenburg

Werner Seelenbinder, Bernhard Bästlein oder Anton Saefkow (s. S. 38) wurden hierher umgebettet. Im Laufe der Zeit entstanden weitere Gedenkzeichen, die an einzelne Tote oder an ausländische Opfergruppen erinnern. Seit Ende der 90er Jahre gibt es auch einen separaten Gedenkstein, der an die Gefallenen der Wehrmacht und an umgekommene Angehörige der Hitler-Jugend erinnert, die zwischen 1941 und 1945 ebenfalls hier bestattet wurden.

Ehemaliges Hauptgebäude des Alten Zuchthauses Brandenburg

4 Altes Zuchthaus / Gedenkstätte für die Opfer der NS-»Euthanasie«

Nicolaiplatz 28
14770 Brandenburg an der Havel
www.stiftung-bg.de

Anfang der 30er Jahre wurde das aus dem 19. Jahrhundert stammende Zuchthaus in der Brandenburger Innenstadt aufgrund katastrophaler hygienischer Zustände geschlossen. Doch die Nationalsozialisten errichteten dort nach ihrer Machtübernahme eines der ersten offiziellen Konzentrationslager, wo bis zu 1200 politische Gefangene und andere Verfolgte des NS-Regimes inhaftiert und misshandelt wurden. Lagerordnung und Dienstvorschriften erhielt das Brandenburger Personal aus dem KZ Oranienburg (s. S. 18). Ein Großteil der Insassen wurde zu Weihnachten 1933 entlassen, die übrigen wurden auf andere Hafteinrichtungen verteilt. Eine zu DDR-Zeiten angebrachte Gedenktafel erinnert an die ermordete KPD-Stadtverordnete Gertrud Pieter.

Ab 1940 wurde das alte Zuchthaus noch einmal Schauplatz grausiger Verbrechen, als das Gebäude im Rahmen der »Aktion T4« (s. S. 63) in eine von sechs zentralen Tötungsanstalten des »Euthanasie«-Programms umgewandelt wurde. Vom Februar bis Oktober 1940 wurden hier, direkt in der Brandenburger Innenstadt, 9972 kranke und behinderte Menschen mit Gas ermordet. Ab November 1940 wurde die Tötungsanstalt von Brandenburg nach Bernburg verlegt.
Auf dem Gelände des ehemaligen Zuchthauses erinnern seit 1997 mehrere Informationstafeln an die Geschichte des Areals und die Massenmorde, die an dieser Stelle verübt wurden. Mitte 2012 eröffnet eine Gedenkstätte mit einer Dauerausstellung über die »Euthanasie« genannten Verbrechen.

Gedenkstelen für die »Euthanasie«-Opfer

»EUTHANASIE«

Im Zeichen der nationalsozialistischen »Rassenhygiene« wurden zwischen 1939 und 1945 Zehntausende Menschen aus Heil- und Pflegeanstalten Opfer organisierter Morde oder vorsätzlicher Vernachlässigung, die ebenfalls zum Tod führte. Schon bald nach der Machtübernahme hatten die Nationalsozialisten begonnen, ihre rassenideologischen Vorstellungen in die Praxis umzusetzen. Bereits am 14. Juli 1933 erließen sie das »Gesetz zur Verhütung erbkranken Nachwuchses«, das auch eine erzwungene Sterilisation von Menschen mit vermeintlich erblichen Krankheiten vorsah. Bis 1945 wurden insgesamt etwa 400000 Männer und Frauen zwangssterilisiert, wobei über 6000 Menschen während oder nach den Eingriffen zu Tode kamen. Im selben Geiste wurde am 18. Oktober 1935 das »Gesetz zum Schutze der Erbgesundheit des deutschen Volkes« verabschiedet, das behinderten Menschen, aber auch Fürsorgeempfängern, Langzeitarbeitslosen oder kinderreichen »Asozialen« verbot zu heiraten.

Die nationalsozialistische »Rassenhygiene« gipfelte in den »Euthanasie« genannten Massenmorden an geisteskranken und behinderten Menschen. Gleich nach dem Überfall auf Polen begann die »Kinder-Euthanasie«, in deren Verlauf mindestens 5000 geistig oder körperlich behinderte Säuglinge und Kinder getötet wurden. Fast zeitgleich und von Hitler persönlich durch einen auf den 1. September 1939 zurückdatierten »Führererlass« ermächtigt, startete die »Euthanasie« an Erwachsenen unter der Tarnbezeichnung »Aktion T4« (ein Kürzel für deren Zentrale in der Tiergartenstraße 4 in Berlin) mit der Erfassung von Patientendaten. Am 18. Januar 1940 erfolgten die ersten »Probevergasungen« in Brandenburg an der Havel und Hadamar. Im Zuge dieser Aktion wurden etwa 70000 Patienten von Heil- und Pflegeanstalten aus dem gesamten Reichsgebiet in sechs Tötungsanstalten – Bernburg/Saale, Brandenburg an der Havel (s. S. 62), Grafeneck, Hadamar, Hartheim und Sonnenstein bei Pirna – durch Giftgas umgebracht. Auch nach offizieller Beendigung der »Aktion T4« im August 1941 aufgrund kirchlicher Proteste wurde die »Euthanasie « verdeckt weitergeführt, unter anderem durch bewusste Vernachlässigung oder falsche Medikamentierung der Patienten und Heiminsassen. In der Nachfolge der »Aktion T4« begann die »Aktion 14 f 13« (benannt nach dem Aktenzeichen der Inspektion der Konzentrationslager; s. S. 21), in deren Rahmen nicht mehr arbeitsfähige, kranke oder alte KZ-Häftlinge ab 1941 bis zum Kriegsende umgebracht wurden. Bei dieser »Invaliden- und Häftlingseuthanasie« griff man auf Einrichtungen und Personal der Tötungsanstalten zurück, die schon an der »Aktion T4« beteiligt gewesen waren und nun »freie Kapazitäten« hatten.

Mit der »Aktion Brandt« wurden ab 1943 Bewohner von Heil- und Pflegeanstalten verlegt oder getötet, um freie Bettenkapazitäten für die zunehmende Zahl an verwundeten Wehrmachtssoldaten zu schaffen. Die Aktion erhielt den Namen des Bevollmächtigten für das Sanitäts- und Gesundheitswesen, Karl Brandt, und stand in der Nachfolge der »Aktion T4«. Den verschiedenen »Euthanasie «-Aktionen fielen europaweit insgesamt etwa 300000 Menschen zum Opfer.

Gedenktafel am Ort der ehemaligen Zentrale der »Aktion T4« in Berlin

5 Märtyrer-Gedächtnisstätte im Dom

Burghof 6
14776 Brandenburg an der Havel

Kurz nach dem Machtantritt der Nationalsozialisten regte sich auch in der Kirche Widerstand gegen das NS-Regime. Wer sich als Christ aktiv gegen das NS-Regime engagierte, wurde mit einem Rede- und Schreibverbot belegt oder von der Gestapo verhaftet und anschließend inhaftiert. In der evangelischen Kirche gründete sich die Bekennende Kirche, die gegen die Gleichschaltung der Kirche im »Dritten Reich« kämpfte.
Für 19 ermordete Mitglieder des christlichen Widerstands gegen den Nationalsozialismus wurde 1953 eine Gedächtnisstätte in der Krypta des Brandenburger Doms St. Peter und Paul eingeweiht, die stellvertretend auch allen weiteren Opfern des kirchlichen evangelischen Widerstands gedenkt.

6 Synagoge Brandenburg/ Gedenktafel

Erbaut 1882
Große Münzenstraße 14
14776 Brandenburg an der Havel

1882 wurde hinter einem bescheidenen Vorderhaus in der Großen Münzenstraße 14 in Brandenburg eine prächtige Synagoge errichtet, in der bis zu 100 Männer und 70 Frauen Platz fanden. In der Reichspogromnacht vom 9. auf den 10. November 1938 wurde die Synagoge im Beisein des Brandenburger Bürgermeisters von Angehörigen der SA verwüstet, anschließend angezündet und so komplett zerstört. Die Brandenburger Feuerwehr war kurz vor Ort, griff aber auf Befehl der Vorgesetzten nicht ein. Die im Vorderhaus wohnenden Juden wurden verhaftet und schwer misshandelt. Von ehemals 200 jüdischen Einwohnern in Brandenburg an der Havel überlebten nur zehn den Holocaust und den Zweiten Weltkrieg.
Heute erinnert eine Gedenktafel, die an der noch verbliebenen Südwand der zerstörten Synagoge angebracht ist, an die schändliche Tat im November 1938.

7 Reichsschule der technischen Nothilfe in der Burg Eisenhardt/ Burg Eisenhardt

Schloßstraße
14806 Bad Belzig
Öffnungszeiten Museum:
Mi–Fr 13–17 Uhr, Sa/So
10–17 Uhr

Anfang der 30er Jahre richtete man in der Burg Eisenhardt eine Reichsschule der technischen Nothilfe (TN) ein. Die Organisation war 1919 von Otto Lummitzsch (1886–1962) als »Technische Abteilung« der Garde-Kavallerie-Schützen-Division in Berlin gegründet worden und wurde alsbald, da die Stärke der Reichswehr durch die Versailler Verträge auf 100 000 Mann begrenzt war, dem Reichsinnenministerium als zivile Hilfsorganisation unterstellt. In der Anfangsphase fungierten die Angehörigen der TN als Streikbrecher, um in als lebenswichtig eingestuften Unternehmen, wie etwa Gas- und Wasserwerke, den Betrieb aufrechtzuerhalten. Später verlagerte sich das Aufgabenfeld auf Katastrophen- und Luftschutz.
Da Lummitzsch mit einer Frau verheiratet war, die nach den Kriterien der Nazis eine »Halbjüdin« war, musste er 1934 die Leitung der TN aufgeben.
1936 wurde die Organisation als technische Hilfspolizeitruppe dem Reichssicherheitshauptamt (RSHA) unterstellt. TN-Mitarbeiter kamen sowohl innerhalb des Reiches als auch in den ab 1939 besetzten Gebieten zum Einsatz.
Die Burg Eisenhardt diente der Organisation bis zum Ende des Zweiten Weltkrieges als Schulungs- und Ausbildungsstätte. Die teils unterirdischen Magazine hinter den dicken Burgmauern fungierten parallel dazu als Luftschutzeinrichtung auch für die zivile Bevölkerung.
Der TN-Gründer Lummitzsch wurde

Gedenktafel für Widerstandskämpfer in der Krypta des Brandenburger Doms

Appell in der Reichsschule der technischen Nothilfe in Bad Belzig, 1937

Übungsfahrt der technischen Nothilfe Potsdam in Werder, 1934

1950 in der Bundesrepublik vom Bundesministerium des Innern mit dem Aufbau des Technischen Hilfswerks (THW) betreut.
Heute befinden sich auf der Burg unter anderem ein Heimatmuseum, eine Bibliothek sowie ein Hotel.

8 Beelitz Heilstätten

Straße nach Fichtenwalde
14547 Beelitz

Ende des 19. Jahrhunderts entstand im Auftrag der Landesversicherungsanstalt Berlin einer der größten Krankenhauskomplexe im Berliner Umland in der Nähe von Beelitz. Für die nach Geschlechtern getrennten Patienten baute man zwei Lungenheilstätten und zwei Sanatorien. In weiteren Bauphasen erreichte die Kapazität bald knapp 1200 Betten.
Während des Ersten Weltkrieges dienten die Heilstätten als Lazarett unter der Verwaltung des Roten Kreuzes. Rund 15 000 verwundete Soldaten wurden hier behandelt, so auch der Gefreite Adolf Hitler im Herbst 1916.
Nach Beginn des Zweiten Weltkrieges wurden die Heilanstalten wieder in ein Militärlazarett umgewandelt. Parallel dazu entstand in unmittelbarer Nähe ab 1942/43 ein Ausweichkrankenhaus für die Stadt Potsdam, das beim Sturm auf Berlin Ende April 1945 zunächst von der Roten Armee besetzt, dann aber von der 12. Armee unter General Walther Wenck rückerobert wurde, so dass die Patienten in Richtung Westen abtransportiert werden konnten.
Nach dem Zweiten Weltkrieg wurden die zerstörten Gebäude wieder aufgebaut und dienten der Sowjetarmee als Militärhospital. Die Anstalt war bis zum Abzug der sowjetischen Streitkräfte das größte Militärlazarett der Truppe außerhalb der Sowjetunion. Bevor Erich Honecker im Frühjahr 1990 nach Moskau flüchtete, hielt er sich für einige Tage in Beelitz auf.
Heute stehen die rund 60 noch vorhandenen Gebäude auf knapp 200 Hektar unter Denkmalschutz. Einige wenige Häuser wurden bereits saniert. Andere dienten als Kulisse für verschiedene Filmprojekte. Sporadisch werden durch die verlassenen und verfallenen Gebäude Führungen organisiert.

9 Thingstätte Werder / Freilichtbühne und Sportstätte

Erbaut 1934–36
Elsebruchweg
14542 Werder (Havel)

Die Nationalsozialisten planten den Bau von rund 400 Thingstätten im gesamten Reichsgebiet, von denen jedoch

Russisches Ehrenmal vor einem Gebäude der Heilanstalt Beelitz

Ehemalige Thingstätte bei Werder

nur 66 Anlagen tatsächlich angelegt wurden.
Der Thingkult der Nationalsozialisten war eine der obskuren Anleihen, die das Regime bei den Germanen machte, bei denen das Wort »Thing« öffentliche Volks- oder Gerichtsversammlungen bezeichnete. Durch die Thingbewegung sollte den Deutschen in zumeist imposanter Naturkulisse bei speziellen Zusammenkünften das Gefühl von »Volksgemeinschaft« vermittelt werden. Diese Bewegung bestand aber nur wenige Jahre und konnte sich weder in der Bevölkerung noch in der NSDAP durchsetzen, da sich andere Propagandainstrumente besser zur Massenbeeinflussung eigneten.
In der Regel waren die Thingstätten als monumentale Freilufttheater konzipiert, so auch die in Werder, die in den Jahren 1934 bis 1936 vom Reichsarbeitsdienst errichtet wurde und bis zum Ende des Zweiten Weltkrieges als Ort politischer Versammlungen und Feiern am Stadtpark diente.
Heute wird die ehemalige Thingstätte nur noch selten als Freilichtbühne für verschiedene Veranstaltungen genutzt. In den letzten Jahren wurde das Gelände zu einer Sport- und Spielanlage umgestaltet.

10 Jüdisches Kinder- und Landschulheim Caputh

Eröffnet 1931
Potsdamer Straße 1
14548 Schwielowsee OT Caputh

Die jüdische Reformpädagogin Gertrud Feiertag eröffnete am 1. Mai 1931 das jüdische Kinder- und Landschulheim Caputh. Die internatsähnliche Einrichtung war ursprünglich für 35 Kinder und Jugendliche ausgelegt.
Mit den ab 1933 einsetzenden Repressalien gegen jüdische Einrichtungen wurden im gesamten Reich ähnliche Heime geschlossen. Daraufhin erfolgte eine Erweiterung der Caputher Einrichtung, um Kinder aus bereits geschlossenen Heimen aufnehmen zu können sowie jüdische Kinder, deren Eltern Hals über Kopf aus Nazideutschland hatten flüchten müssen. Zu diesem Zweck mietete man in der Nachbarschaft einige Grundstücke zur Unterbringung von bis zu 100 zusätzlichen Kindern an. Dazu zählte auch das Sommerhaus von Albert Einstein, das er von 1928 bis 1932 regelmäßig genutzt hatte. Als er auf einer Reise in die Vereinigten Staaten im Januar 1933 vom Machtantritt der Nationalsozialisten erfuhr, brach Einstein sämtliche Kontakte nach

Sommerhaus von Albert Einstein

Deutschland ab und kehrte nicht mehr zurück. Auf seine Initiative hin diente sein Haus bis zur Enteignung durch das NS-Regime im Januar 1935 als Unterkunft für das Landschulheim.
In der Reichspogromnacht vom 9. auf den 10. November 1938 wurde die Inneneinrichtung des Landschulheims durch Angehörige der SA zerstört und die Schule aufgelöst. Gertrud Feiertag fand zunächst eine Anstellung bei einer jüdischen Hilfsorganisation in Berlin, die sich darum bemühte, elternlose jüdische Kinder ins Ausland zu bringen. Im Mai 1943 wurde Gertrud Feiertag mit einem Sammeltransport in das Vernichtungslager Auschwitz-Birkenau deportiert, wo sie in einer der Gaskammern ermordet wurde.
Das Gebäude wird heute als Kinderheim »Anne Frank« betrieben. Am Haus gibt es keine Gedenktafel, die an die Gründerin und an die ehemalige jüdische Einrichtung erinnern würde.
Das Sommerhaus von Albert Einstein (Am Waldrand 15–17) kann in den Sommermonaten besichtigt werden.

11 Reichspostforschungsanstalt Kleinmachnow / Bildungseinrichtungen

Erbaut 1939–43
Am Hochwald 30
14532 Kleinmachnow

Für die am 1. Januar 1937 gegründete Reichspostforschungsanstalt, die im Auftrag des Reichspostministeriums an verschiedenen Telekommunikationsmitteln sowie der Fernsehtechnik forschen und diese weiterentwickeln sollte, entstand ab 1939 außerhalb Berlins und abgeschirmt von der Öffentlichkeit auf dem Seeberg bei Kleinmachnow ein komplexes Areal mit mehreren Forschungs- und Werkstattgebäuden.
Mit Beginn des Krieges wurden weitere Forschungsbereiche ausgelagert, wie zum Beispiel Hochfrequenztechnik, Funkspionage, Radartechnik, Atomphysik und die Fernsteuerung von Raketen und Bomben. Die Reichspostforschungsanstalt entwickelte sich bis 1945 mit ihren knapp 1200 Mitarbeiten und 50 Sachgebieten zu einem der

Die Hakeburg: private Residenz des Reichspostministers Wilhelm Ohnesorge

bedeutendsten Forschungszentren im »Dritten Reich«, wo viele für die damalige Zeit bahnbrechende Entwicklungen hervorgebracht wurden.
Auf dem Gelände waren auch zwei Außenkommandos des KZ Sachsenhausen untergebracht, die anfangs beim Bau der Anstalt und später in den Werkstätten Zwangsarbeit leisten mussten. In unmittelbarer Nähe der Forschungseinrichtung stand das private Anwesen des Reichspostministers Dr. Wilhem Ohnesorge, das Schloss Hakeburg.
Nach dem Zweiten Weltkrieg wurde die ehemalige Forschungsanstalt umgebaut und von der Sozialistischen Einheitspartei Deutschlands (SED) als Kader- und Parteihochschule »Karl Marx« genutzt. Die Hakeburg, die bis zur Wiedervereinigung als Gäste- und Kultur-

Reichspostforschungsanstalt bei Kleinmachnow

Kasernenkomplex der Henning-von-Tresckow-Kaserne

haus diente, steht heute leer. Die Gebäude der Reichspostforschungsanstalt werden zum Teil von unterschiedlichen Bildungseinrichtungen genutzt. Das gesamte Areal steht unter Denkmalschutz.

12 Luftkriegsschule III / Oberkommando der Luftwaffe / Henning-von-Tresckow-Kaserne

Erbaut 1936 – 39
Werderscher Damm 21 – 29
14548 Schwielowsee OT Geltow

Der Kasernenkomplex an der Westseite des Großen Entenfängerberges wurde nach Plänen des Architekten Ernst Sagebiel gebaut, der in Berlin unter anderem den Gebäudekomplex des Flughafens Tempelhof und das Reichsluftfahrtministerium entworfen hatte. Für die Luftkriegsschule III mit Hauptsitz in Werder entstanden von 1936 bis 1939 nördlich von Geltow Unterkunfts- und Kommandanturgebäude sowie umfangreiche unterirdische Luftschutzeinrichtungen, die während des Zweiten Weltkrieges als Hauptquartier des Oberkommandos der Luftwaffe genutzt wurden.
Mit den zunehmenden alliierten Luftangriffen auf die Region Berlin-Brandenburg brachte man viele Kunstschätze und Kulturgüter in den Bunkeranlagen in Sicherheit, so auch die Sarkophage von Friedrich Wilhelm I. und Friedrich II., die aus der Potsdamer Garnisonkirche hierher ausgelagert wurden.
Die unterirdische Befehlsstelle der Luftwaffe mit der Tarnbezeichnung »Großer Kurfürst« diente zu DDR-Zeiten der Nationalen Volksarmee als Hauptgefechtsstand der Landstreitkräfte. Heute wird der Standort von der Bundeswehr als Henning-von-Tresckow-Kaserne genutzt, wo auch das Einsatzführungskommando der Bundeswehr stationiert ist.

13 Adolf-Hitler-Schule »Kurmark«

Templiner Straße
(Nähe Kieskutenberg)
14473 Potsdam

Neben den zahlreichen repräsentativen Gebäuden und den militärischen Anlagen sollte zwischen Potsdam und Caputh, am Ufer des Templiner Sees gelegen, eine Adolf-Hitler-Schule (AHS) gebaut werden. Die AHS bildete die Vorstufe für den Besuch der NS-Ordensburgen und war ähnlich wie die Nationalpolitischen Erziehungsanstalten (Napola) (s. S. 72) eine Eliteeinrichtung, die der Erziehung und Auslese des Nachwuchses für die NS-Führung dienen sollte.
Ab 1937 wurden die ersten Adolf-Hitler-Schulen gegründet. Nach der erfolgreichen Absolvierung einer fünfjährigen Oberschulausbildung erhielten die Schüler ein Diplom, das dem staatli-

21. MÄRZ 1933 – DER »TAG VON POTSDAM«

Mit der Ernennung Adolf Hitlers zum Reichskanzler am 30. Januar 1933 wurden in den folgenden Monaten demokratische Strukturen schrittweise abgeschafft, um in Deutschland eine nationalsozialistische Diktatur zu errichten, die nur wenige Jahre später im Zweiten Weltkrieg mündete und in der Verfolgung und Vernichtung von Millionen von Menschen, insbesondere der europäischen Juden gipfelte.
Den Reichtagsbrand am 27./28 Februar 1933 nutzten die Nationalsozialisten, um sofort eine Notverordnung »Zum Schutz von Volk und Staat« zu erlassen, mit der sie die Grundrechte außer Kraft setzten und anschließend Jagd auf die politischen Gegner machten. Zahllose Kommunisten und Sozialdemokraten wurden verhaftet und misshandelt. Trotz massivster Gewaltanwendung verfehlte die NSDAP bei den Reichstagswahlen eine Woche später, am 5. März 1933, die absolute Mehrheit. Um neue Gesetze im Reichstag verabschieden zu können, waren die Nationalsozialisten einstweilen noch auf Stimmen aus dem konservativen Lager angewiesen, zum Beispiel von der Deutschnationalen Volkspartei (DNVP). Die Nazis gaben sich staatstragend, und die Deutschnationalen gingen willig auf das Bündnis ein. Am deutlichsten wurde das am 21. März 1933, dem sogenannten Tag von Potsdam.
An diesem Tag hatten sich die politischen Spitzen des neuen Deutschen Reiches zu einem Staatsakt in Potsdam versammelt. Nach einem Gottesdienst in der Nikolaikirche zog Reichspräsident Paul von Hindenburg samt den evangelischen Abgeordneten des Reichstages und weiteren Teilnehmern zur Garnisonkirche. Dort wurde der im Januar 1933 ernannte Reichskanzler Adolf Hitler vom Reichspräsidenten öffentlich vereidigt. Hitler spielte in diesem Akt den treu ergebenen Reichskanzler und verneigte sich vor aller Augen vor Hindenburg.
Die NSDAP reklamierte mit diesem Akt nicht nur die Tradition preußisch-deutscher Geschichte für sich – nach nationalsozialistischer Vorstellung gehörte Adolf Hitler nun auch in die Reihe der Staatsmänner von Friedrich dem Großen, Otto von Bismarck und Paul von Hindenburg –, sondern spielte den konservativen Parteien gegenüber den von ihnen gebändigten Reichskanzler. Das von Propagandaminister Joseph Goebbels inszenierte Spiel ging auf, und die Nationalsozialisten erhielten drei Tage später die notwendigen Stimmen, um das Ermächtigungsgesetz zur »Behebung der Not von Volk und Reich« am 24. März 1933 verabschieden zu können. Das war die Grundlage für die Alleinherrschaft der Nazionalsozialisten und die Gleichschaltung des Lebens in Deutschland.
Parallel zu den Feierlichkeiten in Potsdam wurde eines der ersten offiziellen Konzentrationslager in Oranienburg (Brauerei) (s. S. 18) in Betrieb genommen.

Modell der Adolf-Hitler-Schule am Templiner See, 1937

chen Abitur gleichgestellt war. Anschließend sollten alle Absolventen eine Berufsausbildung machen oder ein Hochschulstudium aufnehmen, bevor dann nach einer erneuten Auslese die Besten im Alter von 25 Jahren zur weiteren ideologischen Schulung an die Ordensburgen geschickt werden sollten. Im Unterschied zu den Napolas wurde in den AHS der Führer-Nachwuchs der NSDAP herangebildet.
Die in Potsdam vorgesehene, monumentale kasernenartige Anlage, die eine breite Freitreppe hinunter zum See besitzen sollte, kam jedoch über das Planungsstadium nicht hinaus. Als Frankfurt (Oder) zur Gauhauptstadt des Gaus Brandenburg erkoren wurde, fiel die Entscheidung, die AHS ebenfalls dort zu errichten. Aber auch daraus wurde nichts, wie die gesamte Umsetzung der Ausbildung des »Führernachwuchses« ins Stocken geriet.
Da es für die vorgesehenen Adolf-Hitler-Schulen am Anfang noch keine Schulgebäude gab, wurden die ersten Jahrgänge aller AHS provisorisch in der Ordensburg Sonthofen im Allgäu untergebracht, die gerade fertiggestellt worden war und noch leer stand. Aus diesem Provisorium wurde mit Kriegsbeginn ein Dauerzustand, der bis 1945 anhielt. Schüler der AHS wurden in den letzten Kriegsmonaten noch als Flakhelfer bei der Bedienung von Flugabwehrgeschützen gegen alliierte Bomberverbände eingesetzt, manche gar als letztes Aufgebot an die zusammenbrechende Front beordert.

14 Napola Potsdam / Sitz der Landesregierung Brandenburg

Erbaut 1822
Heinrich-Mann-Allee 107
14473 Potsdam

Aufgrund der Bestimmungen der Versailler Verträge von 1919 mussten alle Kadettenanstalten in eine zivile Nutzung überführt werden. Das galt auch für die 1822 an der heutigen Heinrich-Mann-Allee eingeweihte Kadettenanstalt der preußischen Armee, in die eine staatliche Bildungsanstalt einzog.
Mit der Umstrukturierung des Bildungssystems unter den Nationalsozialisten eröffnete hier am 26. Mai 1933 die zweite Nationalpolitische Erziehungsanstalt (NPEA/Napola) im »Dritten Reich«, in der die kommende nationalsozialistische Elite ab dem zehnten Lebensjahr geformt werden sollte. Die Schüler wurden dort nicht zu selbständig denkenden, sondern zu fanatischen, dem Nationalsozialismus ergebenen Menschen herangezogen.
In allen Napolas gehörte die militärische Ausbildung zum Stundenplan. Auf

Heute Sitz der Landesregierung, von 1933 bis 1945 Hauptgebäude der Napola Potsdam

dem Gelände in Potsdam existierten neben dem Hauptgebäude zahlreiche sportliche Anlagen wie eine Schwimm- und eine separate Turnhalle sowie eine Reitbahn. Für die militärische Ausbildung standen ein Schießstand und eine Hindernisbahn zur Verfügung.
Die Berufswahl war den Absolventen freigestellt, das Abgangszeugnis entsprach der Hochschulreife, doch ein Großteil der Schüler ging anschließend direkt zur Wehrmacht oder trat der Waffen-SS bei.
In den letzten Kriegsmonaten wurden ganze Schulklassen dieser Oberschule zum Kriegsdienst herangezogen und zum Beispiel als Flakhelfer oder in Volkssturmeinheiten eingesetzt.
Darüber hinaus war von 1934 bis 1938 im Großen Militärwaisenhaus in Potsdam ebenfalls eine Nationalpolitische Erziehungsanstalt untergebracht. Und südlich von Frankfurt (Oder) wurde 1935 eine ehemalige Aufbauschule auf dem Gelände des Klosters Neuzelle für Mädchen zur Napola umgebaut.
Einige Gebäude der ehemaligen Kadettenanstalt in Potsdam wurden bei alliierten Luftangriffen zerstört oder beschädigt.
Seit der deutschen Wiedervereinigung befindet sich hier der Sitz der Landesregierung Brandenburg sowie zahlreicher Behörden.

15 Synagoge Potsdam / Gedenktafel

Erbaut 1903
Platz der Einheit 1
14467 Potsdam

Bereits 1802 war in Potsdam eine erste Synagoge gebaut worden. Knapp 100 Jahre später machte die gewachsene Zahl der Gemeindemitglieder – Potsdam war damals die viertgrößte jüdische Gemeinde in Brandenburg –

Synagoge Potsdam, um 1900

den Neubau eines weiteren jüdischen Gotteshauses erforderlich, der 1903 nach den Plänen des Architekten Julius Otto Kerwien (1860–1907) ausgeführt wurde.
In der Reichspogromnacht 1938 wurde diese Synagoge durch Schergen des NS-Systems verwüstet, aber nicht angezündet, da die Täter befürchteten, die direkt an die Synagoge angrenzende Potsdamer Hauptpost könne beschädigt werden. Die jüdische Gemeinde durfte fortan ihr Gotteshaus nicht mehr nutzen, da das Gebäude nun der Deutschen Reichspost als Hörsaal für öffentliche Radio- und Fernsehübertragungen diente. Die meisten der 1939 noch verbliebenen 175 Potsdamer Juden versuchten, Deutschland zu verlassen. Die, die nicht mehr fliehen konnten, wurden in mehreren Wellen über Berlin in verschiedene Konzentrations- und Vernichtungslager in Osteuropa deportiert.
Kurz vor Kriegsende, am 14. April 1945, wurde die Synagoge bei einem alliierten Luftangriff zerstört, und ihre Reste wurden 1955 abgetragen. An ihrer Stelle wurde ein Wohnhaus errichtet, an dem seit 1979 eine Gedenktafel an die zerstörte Synagoge erinnert. In den kommenden Jahren soll eine neue Synagoge in der Potsdamer Schloßstraße gebaut werden.
Rund um den Platz der Einheit befinden sich weitere Erinnerungs- und Mahnmale an die Opfer des Nationalsozialismus.

16 Erbgesundheitsgericht und Gestapo-Gefängnis / Gedenkstätte Lindenstraße

Erbaut 1909
Lindenstraße 54
14467 Potsdam
Öffnungszeiten: Di–So 10–18 Uhr
www.gedenkstaette-lindenstrasse.de

Mit dem am 14. Juli 1933 erlassenen »Gesetz zur Verhütung erbkranken Nachwuchses« schufen sich die Nationalsozialisten eine rechtliche Grundlage für die Durchsetzung ihrer wahnhaften

Gefängnis in der Potsdamer Lindenstraße

»Rassenhygiene«. Von diesem Tag an entschieden sogenannte Erbgesundheitsgerichte über Zwangssterilisationen von körperlich und geistig kranken Menschen. Bis zum Kriegsende wurden etwa 350 000 bis 400 000 Menschen reichsweit Opfer dieses Verbrechens gegen die Menschlichkeit.
Auch in der Potsdamer Lindenstraße befand sich ab 1933 ein Erbgesundheitsgericht. Ab 1939 wurden im angeschlossenen Gefängnistrakt auch politische Häftlinge von der lokalen Gestapo-Leitstelle inhaftiert.
1941 wurde das Gebäude zusätzlich vom Volksgerichtshof genutzt. Das Sondergericht verurteilte zahlreiche Widerstandskämpfer gegen das nationalsozialistische Regime wegen Landes- oder Hochverrat.
Nach Ende des Zweiten Weltkrieges nutzte der sowjetische Geheimdienst NKWD das Areal und verurteilte dort kritische und unliebsame Deutsche zum Tode oder zur Strafarbeit in sowjetischen Gulags. 1953 übernahm das Ministerium für Staatssicherheit der DDR das Gefängnis.
Mit der Friedlichen Revolution in der DDR im Herbst 1989 wurden auch die letzten Häftlinge entlassen. Seit 1995 erinnert in der ehemaligen Haftanstalt eine Gedenkstätte an die Opfer der unterschiedlichen Diktaturen.

Schloss Cecilienhof, 13. September 1957

17 Schloss Cecilienhof – »Potsdamer Konferenz«
Erbaut 1913-17
Im Neuen Garten 11
14469 Potsdam
Öffnungszeiten: Di-So: Apr-Okt 10-18 Uhr, Nov-März 10-17 Uhr
www.spsg.de

Zwei Monate nach dem Ende des Zweiten Weltkrieges in Deutschland trafen sich hohe Vertreter der Siegermächte in Potsdam, um das weitere Vorgehen in Deutschland gemeinsam abzustimmen. Als Tagungsort wurde von Josef Stalin Schloss Cecilienhof bestimmt, das auf Anordnung des Kaisers Wilhelm II. von 1913 bis 1917 für seinen Sohn Kronprinz Wilhelm und dessen Gemahlin Cecilie errichtet worden war.
Das Anwesen war im Frühjahr 1945 enteignet worden und wurde nun für die vom 17. Juli bis zum 2. August 1945 stattfindende »Potsdamer Konferenz« umgestaltet. Unter anderem richtete man die ehemalige 26 Meter lange und 12 Meter hohe Wohnhalle als Konferenzsaal her. Eine Moskauer Möbelfirma fertigte eigens den im Durchmesser mehr als drei Meter großen runden Tisch an, an dem die Staats- und Regierungsvertreter Platz fanden. Die drei Protagonisten der Verhandlungen waren der Präsident der Vereinigten Staaten

Tagungsraum während der Potsdamer Konferenz, 1945

von Amerika, Harry S. Truman, der Premierminister Großbritanniens, Winston Churchill bzw. sein Nachfolger Clement Attlee, der nach neuen Unterhauswahlen Churchills Amt übernahm, und der sowjetische Staats- und Parteichef Josef Stalin.

Auf der Konferenz wurde unter anderem die Aufteilung Deutschlands in vier Besatzungszonen beschlossen (Frankreich erhielt nachträglich noch den Status einer Siegermacht) und die politischen Rahmenbedingungen für die Zukunft Deutschlands besprochen und festgesetzt.

Damit war nach dem Sieg über die nationalsozialistische Diktatur ein Neuanfang in die Wege geleitet, der zugleich die unterschiedlichen Interessensphären festschrieb und so die Grundlagen schuf für die mehr als vier Jahrzehnte dauernde Teilung Deutschlands und Europas.

Nach der Konferenz wurde das Schloss mit seinem Park der Öffentlichkeit zugänglich gemacht. In den 70er Jahren eröffnete in einem Seitenflügel ein Hotel, andere Bereiche von Schloss Cecilienhof wurden als Museum hergerichtet, in dem die restaurierten Privaträume des Kronprinzenpaares besichtigt werden können. Außerdem informiert eine Ausstellung über die »Potsdamer Konferenz«.

18 Ufa-Filmstudios Potsdam-Babelsberg / Medienstadt Babelsberg

Ausbau 1934 – 39
August-Bebel-Straße 26 – 53
14482 Potsdam
www.filmpark-babelsberg.de
www.studiobabelsberg.com

Um der erstarkten ausländischen Filmindustrie Paroli bieten zu können, wurde noch während des Ersten Weltkrieges im Dezember 1917 die Universum-Film AG (Ufa) gegründet. 1921 übernahm die Ufa die Filmproduktionsgesellschaft Bioscope/Decla Bioscope, die in Potsdam-Babelsberg seit 1912 Atelier- und Studioräume hatte.

Der national-konservative Eigentümer Alfred Hugenberg (1865 – 1951) verkaufte 1937 die Ufa an eine staatliche Holding, in der Joseph Goebbels den Ton angab. Das Propagandaministerium unter Goebbels konnte nun direkt die Geschicke des Unternehmens lenken und schuf 1942 mit der Gleichschaltung aller Filmproduktionsgesellschaften in Deutschland und den besetzten Gebieten den mächtigen Medienkonzern Ufa-Film GmbH (UFI). »Nebenbei« wurde mit Ufa-Geldern ab 1938 das private Anwesen von Goebbels am Bogensee (s. S. 36) aufgebaut.

Schon vor der offiziellen Übernahme der Ufa hatten die Filmstudios in

Reichspropagandaminister Joseph Goebbels bei der Besichtigung des Modells mit den Ausbauplänen für die Studios Babelsberg, 25. Oktober 1938

Ateliergebäude in der Medienstadt Babelsberg

Babelsberg den Nationalsozialisten für Propagandazwecke zur Verfügung gestanden. Dort wurden bis 1945 mehr als 1000 Filme produziert, darunter auch zahlreiche Propagandafilme. Wer dem NS-Regime kritisch gegenüberstand wie etwa der Regisseur Fritz Lang, der mit Filmen wie »Metropolis« Filmgeschichte geschrieben hatte, musste beizeiten Deutschland verlassen.
Auch das jüdische Personal wurde bereits im Sommer 1933 aus der Ufa entlassen.
Das Studiogelände in Potsdam wurde im Frühjahr 1945 von der Roten Armee besetzt und der Medienkonzern anschließend in mehrere Unternehmen in beiden deutschen Staaten zerschlagen.
In der DDR wurde 1946 mit der Deutschen Film AG (DEFA) ein staatlich gelenktes Filmunternehmen in Potsdam-Babelsberg gegründet, das mit Abzug der sowjetischen Armee im Herbst 1947 auch die ehemaligen Ufa-Studios bis zur Deutschen Einheit nutzte.
Die DEFA wurde 1992 privatisiert und der Standort Babelsberg mit mehreren Millionen DM zur Medienstadt Babelsberg ausgebaut. In knapp 20 Studios werden hier heute Filme und TV-Serien produziert. 1993 eröffnete auf dem Gelände der Freizeitpark Filmpark Babelsberg, in dem unter anderem Stuntshows besucht werden können.

19 Präsidialgebäude des Deutschen Roten Kreuzes / Universität Potsdam

Erbaut 1938/39
August-Bebel-Straße 89
14482 Potsdam

Das repräsentative, ungefähr 200 Meter lange Gebäude im Form einer römischen Eins wurde in den Jahren 1938/39 für das Präsidium und den Verwaltungsapparat des Deutschen Roten Kreuzes (DRK) in unmittelbarer Nähe des Bahnhofs Griebnitzsee errichtet.
Ende des 19. Jahrhunderts waren mehrere voneinander unabhängige Rotkreuzgesellschaften im Deutschen Reich gegründet worden, die ab dem 25. Januar 1921 unter dem einheitlichen Dachverband des DRK zusammengefasst wurden. In der Weimarer Republik konnte sich das Rote Kreuz neben dem traditionellen Kriegssanitätsdienst in Deutschland als Wohlfahrtsorganisation etablieren. Als Präsident fungierte seit der Gründung des Verbandes Joachim von Winterfeldt-Menkin, der nach der Machtübernahme der Nationalsozialisten bereits im Mai 1933 von seinem Amt zurücktrat. Auch das DRK sollte gleichgeschaltet und als Sanitätsdienst der Wehrmacht umorganisiert werden.
Amtsnachfolger wurde Carl-Eduard Her-

Haupteingang des ehemaligen DRK-Präsidiums in Potsdam-Babelsberg

zog von Sachsen-Coburg und Gotha, der seit 1922 mit Adolf Hitler bekannt war und fortan die Nationalsozialisten nach Kräften unterstützte. Am 1. Mai 1933 wurde er Parteimitglied, erhielt bis 1945 unzählige Ehrenämter und saß in verschiedenen Aufsichtsräten deutscher Unternehmen. Im DRK übte der Herzog nur repräsentative Aufgaben aus, die eigentlichen Geschäfte leitete sein Stellvertreter, der Generalinspekteur des Sanitätswesens der SA Paul Hocheisen, dessen Amt 1936 der SS-Oberführer Ernst-Robert Grawitz übernahm. Um den Einfluss abzusichern, wurden fortan zwei Drittel der leitenden Posten im DRK an Angehörige der SS vergeben. So auch an SS-Gruppenführer Oswald Pohl, der zum Schatzmeister ernannt wurde und später zum Verwaltungschef des DRK aufstieg. Pohl war von Heinrich Himmler bereits 1935 als Verwaltungschef des SS-Hauptamtes eingesetzt worden und konnte so Gelder aus dem Vermögen der DRK abziehen und für Zwecke der SS nutzen.

Grawitz unterstützte die Ermordung körperlich und geistig Behinderter im Rahmen der »Aktion T4« (s. S. 63), indem er SS-Ärzte zur Verfügung stellte. Ab 1941 genehmigte er gemeinsam mit Pohl die medizinischen Experimente an Häftlingen in verschiedenen Konzentrationslagern. Grawitz entzog sich der Verurteilung für seine Taten durch Selbstmord im April 1945. Die Leitung des DRK wurde daraufhin für wenige Tage von Karl Gebhardt (s. S. 29) übernommen, der anschließend in Nürnberg als Kriegsverbrecher zum Tode verurteilt wurde. Während des Zweiten Weltkrieges wurden bis zu 640 000 DRK-Mitarbeiter in der Wehrmacht und der Waffen-SS zur Krankenpflege, beim Transport von Verwundeten oder bei der Betreuung von Flüchtlingen und Umsiedlern eingesetzt. Doch auch zum direkten Kriegsdienst wurden einige DRK-Frauen herangezogen, die nach einer Umschulung als Nachrichtenhelferinnen in der Wehrmacht tätig waren. Eher unbekannt ist die Tatsache, dass Mitarbeiter des DRK die medizinische Betreuung von Fremd- und Zwangsarbeiterlagern übernommen haben, so beispielsweise im Zwangsarbeiterlager des Rüstungsbetriebes REIMAHG in Thüringen, in dem in unterirdischen Anlagen Flugzeuge produziert wurden. Durch den Einsatz des DRK erhielt die Organisation Einblick in den menschenunwürdigen Einsatz von Zwangsarbeitern.

Nach dem Zweiten Weltkrieg zogen in das Präsidialgebäude in Potsdam-Babelsberg zahlreiche Verwaltungsbehörden ein. Heute befindet sich hier die juristische Fakultät der Universität Potsdam.

Zugang zur Gedenkstätte in Großbeeren

20 Barackenlager der Deutschen Reichsbahn / Gewerbegebiet
Erbaut 1938/39
Märkische Allee 45
14979 Großbeeren

Südlich vom S-Bahnhof Teltow sollte im Zuge der Umgestaltung Berlins zur »Welthauptstadt Germania« ein großer Güter- und Verschiebebahnhof errichtet werden. Ein entsprechendes Barackenlager für die Arbeiter wurde ab 1938 errichtet. Im Verlauf des Zweiten Weltkrieges wurden die Arbeiten am größenwahnsinnigen Germania-Projekt jedoch zuerst zurück- und 1942 komplett eingestellt. Gleichwohl wurde das Barackenlager kurz darauf, im Spätsommer 1942, erweitert und bestand dann aus zehn einfachen Unterkunftsbaracken, in denen die Gestapo eine Zweigstelle des Arbeitserziehungslagers (AEL) Berlin-Lichtenberg (Wuhlheide) einrichtete, da das Hauptlager zu diesem Zeitpunkt überfüllt war.
Die ab 1942 in Großbeeren zusammengepferchten Menschen waren zumeist politische Häftlinge, aber auch Zwangsarbeiter. Von solchen Arbeitserziehungslagern, die der Gestapo unterstanden und in denen die Insassen zur »Arbeit an der Volksgemeinschaft« erzogen werden sollten, gab es im ganzen Reich mehr als 100. Die Haftzeit betrug in der

Gedenkstätte in Großbeeren

Regel sechs Wochen, konnte und wurde aber, wenn keine »Besserung« eintrat oder durch reine Willkür, oft verlängert. In Großbeeren durchliefen bis zum Ende des Krieges 25 000 Personen das Lager; bis zu 1000 Häftlinge konnten dort gleichzeitig gefangen gehalten werden. Die Häftlinge wurden in Außenkommandos eingeteilt und mussten unter anderem in der Landwirtschaft, in verschiedenen Bauprojekten der Reichsbahn oder im nahen Flugzeugmotorenwerk Ludwigsfelde Zwangsarbeit leisten. Misshandlungen durch das Wachpersonal, unzureichende Verpflegung und eine schlechte Ausrüstung waren die Regel. Knapp 1200 Menschen aus 24 Nationen fanden im Lager oder in den Außenkommandos den Tod und wurden in einer nahen Kiesgrube außerhalb der Stadt begraben. Am 21. April 1945 wurde das Lager von der Roten Armee befreit.
Seit 1948 existiert in der Nähe der ehemaligen Kiesgrube in der Ruhlsdorfer Straße eine »Gedenkstätte für die Opfer des Faschismus«.

21 Flugplatz Rangsdorf / Bücker-Museum Rangsdorf

Erbaut 1933–42
Am Strand 1
15834 Rangsdorf
Öffnungszeiten: Mi 10–17 Uhr, Sa/So 13–17 Uhr (Okt–Feb nur bis 16 Uhr)
www.buecker-museum.de

Nachdem die Produktionseinrichtungen der Bücker-Flugzeugwerke in Berlin-Johannisthal nicht mehr ausreichten, errichtete man ab 1935 ein neues Flugzeugwerk in Rangsdorf. Ab 1936 wurde der Werkflugplatz im Auftrag des Reichsluftfahrtministeriums zum Reichssportflughafen ausgebaut. Nach Plänen von Ernst Sagebiel entstand am Rangsdorfer See die Reichsschule für Motorflug und das Aero-Club-Haus, das am Vorabend der Olympischen Sommerspiele 1936 offiziell eingeweiht wurde. Während der Sommerspiele diente der Flughafen als Austragungsort eines Kunstflugwettbewerbs.

Arbeiter der Bücker-Flugzeugwerke, 1936

Da der Flughafen Berlin-Tempelhof nach Kriegsausbruch für einige Monate für den zivilen Luftverkehr gesperrt war, diente das Areal in Rangsdorf von Oktober 1939 bis März 1940 auch als ziviler Start- und Landeplatz und wurde anschließend bis zum Ende des Zweiten Weltkrieges von der Luftwaffe als militärischer Fliegerhorst genutzt.
Am 20. Juli 1944 flogen von hier aus Oberst Claus Schenk Graf von Stauffenberg und sein Adjutant Oberleutnant Werner von Haeften nach Ostpreußen, um im »Führerhauptquartier Wolfsschanze« ein Attentat auf Hitler zu verüben. Gegen 15 Uhr landeten sie wieder in Rangsdorf in der festen Überzeugung, Hitler getötet zu haben, und lösten die Operation »Walküre« für den Staatsstreich aus. Doch schon bald machte die Nachricht vom misslungenen Attentat die Runde, und Adolf Hitler meldete sich im Rundfunk zu Wort. Die Widerständler wurden festgenommen und zum Teil noch in derselben Nacht im Hof des Bendlerblocks hingerichtet.
Nach dem Zweiten Weltkrieg wurden der fast unbeschädigte Flugplatz und die Einrichtungen der Bücker-Flugzeugwerke von den sowjetischen Luftstreitkräften beschlagnahmt, die das Gelände bis 1994 nutzten. Im Seecasino

Blick aus der ehemaligen Flugleitung in Rangsdorf

erinnert das Bücker-Museum an die Luftfahrtgeschichte der Region. Am Ufer der Seeschule Rangsdorf, die in das ehemalige, nunmehr umgebaute Aero-Club-Haus einzog, erinnert seit 2009 ein Gedenkstein an das missglückte Attentat von Graf Stauffenberg.

22 Hauptquartier der Wehrmacht / Bücher- und Bunkerstadt Wünsdorf

Erbaut 1935–39

Gutenbergstraße 1
15806 Zossen OT Wünsdorf
Bunkerführungen (Maybach I und Zeppelin): Apr–Okt: Mo–Fr 14 Uhr, Sa/So 12, 14, 16 Uhr; Nov–März: Di–Fr 14 Uhr, Sa/So 13, 15 Uhr; weitere Führungen auf Anfrage
www.buecherstadt.com

Museum »Roter Stern«, Garnisonsmuseum Wünsdorf und Spitzbunker: Mo–So 11–17 Uhr (Nov–März: Mo geschlossen)

Bereits 1910 war südlich von Zossen ein Übungsplatz der kaiserlichen Truppen samt eigener Garnison angelegt worden. Während des Ersten Weltkrieges errichtete man in Wünsdorf ein Kriegsgefangenenlager für etwa 30 000 muslimische Araber, Afrikaner und Inder, die auf Seiten der Briten und Franzosen gekämpft hatten. In dem sogenannten Halbmondlager wurde am 13. Juli 1915 die erste Moschee auf deutschem Boden offiziell eingeweiht. Das Lager wurde mit Ende des Ersten Weltkrieges aufgelöst und die Moschee wegen Baufälligkeit 1925/26 wieder abgerissen.

Während der Weimarer Republik befand sich in Wünsdorf das Hauptquartier der Reichswehr und ab März 1935 das Oberkommando der Wehrmacht. Die Garnison wurde weiter ausgebaut und zum Schutz der Offiziere und der Mitarbeiter mit mehreren Bunkeranlagen versehen. Im Sommer 1939, kurz vor Beginn des Zweiten Weltkrieges, wurde der dreietagige Nachrichtenbunker »Zeppelin« fertiggestellt. Im Nachrichtensystem der Wehrmacht war dieser Bunker zu jener Zeit der modernste, wichtigste und größte unterirdische Fernmeldeknoten der Welt. Daneben entstanden zwei weitere Bunkersiedlungen mit den Tarnnamen »Maybach«, die in Form einer Landhaussiedlung errichtet wurden. Maybach I war für den Stab des Oberkommandos des Heeres (OKH) und Maybach II für den Stab des Oberkommandos der Wehrmacht (OKW) vorgesehen. Die massiven ober- und unterirdischen Gebäude bestanden aus Stahlbeton und besaßen jeweils zwei unterirdische Etagen. Auf dem gesamten Gelände entstanden darüber hinaus knapp 20 Luftschutztürme der Bauart Winkel.

Nach dem Ende des Zweiten Weltkrieges wurde Wünsdorf zum Sitz des Ober-

Die erste Moschee in Deutschland bei Zossen, erbaut 1915

Appell der Panzerwagentruppen in Wünsdorf, 20. Oktober 1935

Zugang zum ehemaligen Nachrichtenbunker in Wünsdorf

Sanierte ehemalige Wohngebäude für Offiziere und Luftschutzturm in Wünsdorf

kommandos der Gruppe der Sowjetischen Streitkräfte in Deutschland (GSSD) erklärt und erneut ausgebaut. Es entstanden weitere militärische Zweckbauten, unterirdische Gefechtsstände und Wohnbauten für die Soldaten. Mehr als 50 000 Sowjets lebten hier, zum Teil mit ihren Familien, in einer abgeschirmten Stadt. Mit dem Abzug der Truppe begann eine rein zivile Nutzung.

Heute können Teile der ehemaligen Kaserne und die weitläufigen unterirdischen Bunkeranlagen im Rahmen von regelmäßigen Führungen besichtigt werden. Zahlreiche Museen zur Geschichte der Region und Deutschlands bisher einzige Bücherstadt, in der Zehntausende antiquarische Bücher käuflich erworben werden können, laden ganzjährig zu einem Besuch ein.

23 Kraftfahrzeugversuchsstelle Horstwalde / Bundesanstalt für Materialforschung und -prüfung

Erbaut 1938

Dorfstraße / An den Steigungsbahnen
15837 Baruth (Mark) OT Horstwalde
www.fkvv.de

Ende des 19. Jahrhunderts wurde im Auftrag des Preußischen Kriegsministeriums bei Kummersdorf ein großes Übungs- und Testgelände für die Artillerie eingerichtet. Neben der Erprobung unterschiedlicher Waffen wurde dort 1917 die Versuchsstelle für einen Förderbahn- und Kraftwagenbetrieb gegründet, aus der neun Jahre später die Kraftfahr-Versuchsstelle für Motorräder, Personenkraftwagen, Lastwagen und Panzer hervorging.

Im Zuge der Kriegsvorbereitung Deutschlands in den 30er Jahren erweiterte man das Areal und baute ab 1938 nördlich von Horstwalde eine neue Versuchsstelle mit Teststrecken, Laboratorien und Werkstätten. Unter Einbeziehung von natürlichen Erhebungen entstanden unter anderem Steigungsbahnen mit einer Länge von 32 Metern, Verwindungsbahnen, Kletterhindernissen und Watbecken. Hier wurden während des Zweiten Weltkrieges auch erbeutete Fahrzeuge intensiven Tests unterzogen, um ihre Schwachstellen herauszufinden.

Nach der militärischen Nutzung durch die Sowjets und die Nationale Volksarmee ging die Erprobungsstelle nach der Wiedervereinigung an die Bundesanstalt für Materialforschung und -prüfung (BAM) über, die sie noch heute als Testgelände nachnutzt.

Die unter Denkmalschutz stehenden Steigungs- und Verwindungsbahnen können nach vorheriger Anfrage besichtigt werden.

Steigungsbahnen auf dem ehemaligen Kraftfahrzeugsversuchsgelände Horstwalde

24 Raketenversuchsstelle Kummersdorf-West/Historisch-Technisches Museum Kummersdorf

Erbaut ab 1932
Konsumstraße 5
15838 Am Mellensee
OT Kummersdorf-Gut
Öffnungszeiten Museum:
So 13–17 Uhr;
Führungen: nach Anmeldung
www.museum-kummersdorf.de

Zu Beginn des 20. Jahrhunderts forschten mehrere Erfinder und Techniker an ballistischen Raketen. Nach erfolgreichen Versuchen von Raketenantrieben, zum Beispiel bei Schlitten oder Rennwagen, wurde die Reichswehr Ende der 20er Jahre auf die neue Technik aufmerksam und beauftragte das Heereswaffenamt (HWA), ihre mögliche militärische Verwendung zu prüfen.
Fernraketen waren für die Reichswehr interessant, da sie nicht den Abrüstungsbestimmungen des Versailler Vertrags unterlagen, anders als großkalibrige Kanonen und Artilleriewaffen.
In den 30er Jahren unterstützte das Heereswaffenamt, teils verdeckt, mit finanziellen Zuwendungen einzelne Forscher(-gruppen), so auch die um Wernher von Braun.
Bei Kummersdorf entstanden ab 1932 im Auftrag des HWA in unmittelbarer Nähe des Schießplatzes Kummersdorf (s.S. 85) umfangreiche Labor- und Prüfeinrichtungen. Bereits im Herbst 1932 erhielt dort auch Wernher von Braun eine Anstellung und promovierte nur wenige Monate später über die Versuche, die er in Kummersdorf angestellt hatte. Ein Jahr später wurden die ersten Raketenantriebe (die Aggregate 1 und 2) erfolgreich getestet.
Da man für die nun anstehenden richtigen Startversuche auf abgelegene Ge-

Wasserturm in Kummersdorf

Überreste eines Raketen-Prüfstandes in Kummersdorf

biete wie die Insel Borkum ausweichen musste und die Kapazitäten in Kummersdorf mit dem personellen Ausbau der Versuchsstelle schon bald an ihre Grenzen stießen, beschloss man die Errichtung eines neuen Forschungs- und Entwicklungskomplexes in einer dünn besiedelten Region. Bei Peenemünde an der Ostseeküste wurde man fündig, und so wurde dort von 1936 bis 1942 die Heeresversuchsanstalt-Ost aufgebaut. Im Oktober 1942 startete vom dortigen Prüfstand VII die erste Fernrakete der Welt, das Aggregat 4 (A4), die in der NS-Propaganda als »Vergeltungswaffe 2« (V2) bezeichnet wurde und in die Geschichte einging.
Durch den Einsatz von Zwangsarbeitern und KZ-Häftlingen bei der Produktion der Fernraketen und durch ihren militärischen Einsatz verloren Tausende unschuldige Menschen ihr Leben.
Die mittlerweile vom Wald überwucherten massiven ehemaligen Prüf- und Entwicklungsstände sind noch heute vorhanden und stehen unter Denkmalschutz. Bis 2015 soll ein durch das Land Brandenburg gefördertes »Museum in der Natur« eröffnet werden. Heute informiert ein kleines Museum in Kummersdorf über die Geschichte der militärischen Nutzung der Region und organisiert Führungen über das Areal.

25 Versuchsstelle Gottow / Ruine

Erbaut 1936 - 38
Straße nach Luckenwalde / L70
15838 Am Mellensee
OT Kummersdorf-Gut

Neben der Raketenversuchsstelle Kummersdorf-West (s. S. 84) entstand wenige Kilometer weiter westlich die Versuchsstelle Gottow, in der verschiedenste chemisch-physikalische Versuche durchgeführt wurden, aber auch Atomforschung betrieben wurde. Etwa 1000 Mitarbeiter arbeiteten an zahllosen geheimen Forschungsaufträgen. Im Sommer 1939 berief man den Kernphysiker Kurt Diebner (1905 - 1964) zum Leiter des neu aufgebauten Referats für Atomphysik des Heereswaffenamtes (HWA) in Gottow. Kurze Zeit später entstand etwas abseits der vorhandenen Labor- und Werkstattgebäude der erste Atomreaktor der Welt. In dieser »Uranmaschine« führte die Forschergruppe um Diebner mehrere Versuchsreihen mit Uranwürfeln durch. Bei den Experimenten stellte sich heraus, dass das Prinzip der Uranwürfel der konkurrierenden Schichtenanordnung von Uranplatten unter Werner Heisenberg (1901 - 1976) überlegen war und eine Neutronenausbeute nachgewiesen werden konnte, das heißt, dass man

Ehemaliger unterirdischer Bahnhof der Versuchsstelle Gottow

erstmalig einen kritischen Zustand eines Kernreaktors herbeiführen konnte. Die Versuchsstelle Gottow wurde kurz vor dem Ende des Zweiten Weltkrieges evakuiert; die meisten Akten wurden verbrannt oder gingen verloren. Wie auch aus anderen technologischen Zentren der NS-Zeit wurden einige Mitarbeiter nach Kriegsende in die Sowjetunion verschleppt, um dort ihr Wissen abzuschöpfen. Die noch vorhandenen Gebäude wurde Mitte der 60er Jahre von den sowjetischen Streitkräften zum Munitionslager umgebaut. Die Fundamente des ersten Atomreaktors sind noch immer vorhanden.
Das Historisch-Technische Museum Kummersdorf (s.S. 84) organisiert Besichtigungen durch die ehemalige Versuchsstelle Gottow. Die noch vorhandenen Gebäude sollen in einen Museumspark integriert werden. Ob die Pläne für das riesige Areal zu den veranschlagten Kosten tatsächlich umgesetzt werden können, bleibt fraglich.

26 Stammlager (Stalag) III A/ Technologie- und Gründerzentrum Luckenwalde

Genutzt 1939 - 45
Im Biotechnologiepark
14943 Luckenwalde

Unmittelbar nach dem Überfall auf Polen und dem Beginn des Zweiten Weltkrieges entstanden in Deutschland

Überreste des ersten deutschen Atomreaktors auf der Versuchsstelle Gottow

Kriegsgefangene und Wachpersonal des Stalags Luckenwalde, Sommer 1940

mehrere Kriegsgefangenenlager. Dabei wurden sowohl neue Lager errichtet als auch vorhandene Lager weitergenutzt, wie zum Beispiel zuvor vom Reichsarbeitsdienst belegte Unterkunftsbaracken.

Auch am westlichen Stadtrand von Luckenwalde wurde 1939 ein neues Kriegsgefangenenlager aufgebaut, in dem zunächst polnische Kriegsgefangene interniert wurden. Im Verlauf des Krieges folgten dann auch französische, britische und ab 1941 sowjetische Soldaten. Ein Teil der Gefangenen blieb in dem Mannschafts-Stammlager (Stalag) bis zum Kriegsende, für andere war Luckenwalde nur Zwischenstation, bevor sie in andere Lager transportiert oder in Außenkommandos eingesetzt wurden, wo sie Zwangsarbeit leisten mussten.

Mitte April 1945 flüchteten die Wachmannschaften kurz vor dem Eintreffen der Roten Armee. Ein Teil der osteuropäischen Gefangenen kämpfte anschließend an der Seite der Sowjettruppen beim Sturm auf Berlin.

Bis 1945 hatten mehr als 100 000 Personen das Stammlager in Luckenwalde durchlaufen, etwa 3000 bis 4000 sind dort aufgrund unzureichender Verpflegung und Versorgung gestorben; eine genaue Zahl der Opfer ist bis heute nicht bekannt. Die Toten wurden in einem Massengrab am westlichen Ende des Lagers verscharrt, wo es heute den Einnerungsort »Stalag-Friedhof« gibt. Auch im Luckenwalder Stadtpark mahnt seit 1979 ein Denkmal an die Opfer des ehemaligen Stalag III A.

27 Garnison Jüterbog-Altes Lager/ Mischnutzung

Treuenbrietzener Straße/
Kastanienallee
14913 Niedergörsdorf
Besichtigungen zu Pfingsten und am Tag des offenen Denkmals

Ab Ende des 19. Jahrhunderts wuchs Jüterbog zu einer der größten Garnisonsstädte in Deutschland heran. Auf dem riesigen Truppenübungsplatz im Nordwesten der Stadt errichtete man schon ab der Kaiserzeit zahlreiche Modelle ausländischer Verteidigungsbauwerke, an denen man Waffensysteme und Verfahren zur Erstürmung erprobte. Ab 1934 wurde der neue große Fliegerhorst Jüterbog-Altes Lager angelegt. Parallel dazu entstand ein gewaltiger Gebäudekomplex der Fliegerschule Niedergörsdorf.

Die gigantischen Flugzeughallen zeugen noch heute vom Größenwahn des NS-Regimes. Parallel dazu baute man südlich der Stadt einen kleineren Fliegerhorst (Jüterbog-Damm) aus, von dem

Luftaufnahme vom Truppenübungsplatz Jüterbog-Altes Lager, um 1930

im Winter 1944/45 mehrere deutsche Kamikazeflieger starteten, um Brücken über die Oder unter Einsatz ihres Lebens zu zerstören. In den Kasernen rund um Jüterbog wurden bis 1945 verschiedene Einheiten der Wehrmacht und der Waffen-SS aufgestellt oder neu formiert.

Nach dem Zweiten Weltkrieg übernahmen die sowjetischen Streitkräfte das Areal. Bis zu 40 000 Armeeangehörige samt ihren Familien lebten hier bis zum Abzug der russischen Truppen. Zahlreiche militärische Einrichtungen wurden danach zurückgebaut, andere einer zivilen Nutzung überführt. Einige Bereiche können zum Tag des offenen Denkmals im Rahmen von Führungen besichtigt werden, andere dürfen wegen Baufälligkeit nicht betreten werden. Der Verein »Garnisongeschichte Jüterbog St. Barbara e.V.« arbeitet die militärische Geschichte der Region auf und präsentiert auf Anfrage seine Dokumentation.

28 Jüdischer Friedhof Tröbitz

Angelegt 1945
Schulstraße
03253 Tröbitz

Angesichts der näherrückenden alliierten Truppen wurden die Konzentrationslager, Stammlager und diverse Außenlager evakuiert. Kurz vor dem Eintreffen der briti-

Eingang zum Adolf-Hitler-Lager nahe Jüterbog, um 1938

Verbunkerte Versuchsbauten auf dem Truppenübungsplatz Altes Lager

schen Armee sollten zum Beispiel 6800 Juden aus dem Konzentrationslager Bergen-Belsen in Niedersachsen weggeschafft werden. Sie wurden auf drei Transporte verteilt. Am 10. April 1945 verließ ein Zug mit 2500 Häftlingen Bergen-Belsen und irrte in den letzten Kriegstagen kreuz und quer durch Deutschland. Bis heute konnte nicht geklärt werden, ob es sich dabei um einen reinen Evakuierungstransport ins Lager nach Theresienstadt handelte, um die Juden dort zu ermorden, oder ob sie als sogenannte Austauschjuden für internierte Deutsche bereitgehalten wurden.
Während der Irrfahrt wurde der Zug mehrfach von alliierten Flugzeugen angegriffen, die in ihm einen Truppentransport vermuteten. Für die in den Waggons eingepferchten Menschen gab es kaum Nahrung, und aufgrund der katastrophalen hygienischen Zustände breiteten sich verschiedene Krankheiten wie Typhus aus. Zahlreiche Juden kamen während des Transports ums Leben.
Wegen einer zerstörten Brücke über die Schwarze Elster kam der Zug schließlich am 20./21. April in Tröbitz zum Stehen. Vor der von Osten anrückenden Roten Armee flüchteten die SS-Wachmannschaften und überließen die eingesperrten Menschen im Zug ihrem Schicksal. Am 23. April erreichten Sowjettruppen den Zug und öffneten die Wagen. Die Überle-

Gräber von Opfern des »Verlorenen Zuges« auf dem jüdischen Friedhof in Tröbitz

benden, etwa 1000 bis 2000 Juden, wurden daraufhin im 700-Einwohner-Dorf Tröbitz untergebracht.
Das Dorf wurde für einige Wochen hermetisch abgeriegelt und die Bewohner von der Roten Armee angehalten, die befreiten Häftlinge zu pflegen. Doch von Hunger oder schwerer Krankheit geschwächt, starben noch mehr als 300 Juden in Tröbitz. Sie wurden neben dem Gemeindefriedhof auf einem eigens angelegten jüdischen Friedhof bestattet. 26 Dorfbewohner hatten sich bei der Pflege mit Typhus infiziert und verstarben ebenfalls kurze Zeit später.
Entlang der Bahnstrecke erinnern heute zahlreiche Gedenk- und Erinnerungszeichen an die auf dem Eisenbahntransport umgekommenen Juden. Den 26 verstorbenen Bewohnern von Tröbitz wurde zum Dank und zur Erinnerung in Israel ein kleiner Wald gepflanzt.

29 Stammlager (Stalag) IV B Mühlberg (Elbe) / Erinnerungsstätte Lager Mühlberg (Elbe)

Genutzt 1939–45
Wendisch Borschütz / Siedlung
04924 Bad Liebenwerda

Nordöstlich von Mühlberg (Elbe) wurde ein weiteres Stammlager für Kriegsgefangene errichtet. Das Lager mit rund 60 Baracken war ursprünglich für etwa 15 000 Personen ausgelegt, war aber im Verlauf des Krieges um ein Vielfaches überbelegt, was zu katastrophalen Zuständen in der Unterbringung und Verpflegung führte. Zwischen 250 000 und 300 000 Kriegsgefangene haben diesen Ort durchlaufen, die von hier aus in andere Lager überstellt oder in Arbeitskommandos in der Umgebung eingesetzt wurden. 1944 wurden im Stalag IV B nach der Beendigung der offiziellen Zusammenarbeit der dänischen Regierung mit der nationalsozialistischen Besatzungsmacht auch ungefähr 1500 dänische Polizisten eingesperrt.
Bis 1945 verloren in dem Lager etwa 3000 Personen ihr Leben, der größte Teil von ihnen waren inhaftierte Soldaten der Roten Armee.
Nach dem Zweiten Weltkrieg wurde das Lager vom sowjetischen Innenministerium NKWD und vom militärischen Nachrichtendienst Smersch übernommen und als Speziallager Nr. 1 – Mühlberg weitergeführt. Bis zum Herbst 1948 internierten die Sowjets hier Angehörige der Wehrmacht, der NSDAP, des Volkssturms und anderer nationalsozialistischer Organisationen, aber auch politische Gegner der Kommunisten. Von den knapp 22 000 Inhaftierten kamen etwa 7000 während der Haft durch die miserablen hygienischen Zustände und mangelnde Versorgung ums

Haupttor zum Stammlager Mühlberg (Elbe) nach der Befreiung, 1945

Erinnerungsstätte an das Stalag IV B

Leben. Tausende Häftlinge wurden zur Zwangsarbeit in die Sowjetunion deportiert.

Nach der Auflösung des Lagers im Spätsommer 1948 legte sich ein Mantel des Schweigens über das Areal. Die Baracken und baulichen Überreste wurden abgerissen. Die sowjetischen Speziallager waren zu DDR-Zeiten ein Tabu-Thema. Das änderte sich mit der Deutschen Einheit. Anfang der 90er Jahre wurde auf dem ehemaligen Lagergelände ein Gedenkkreuz errichtet, das an die Tausenden Opfer beider Epochen erinnert.

Durch die Unterstützung des Volksbundes Deutsche Kriegsgräberfürsorge e.V. wurde 1992 eine Gedenkstätte für alle Toten sowohl des Spezial- als auch des Stammlagers eingeweiht. 2011 fanden auf dem Gelände der Erinnerungsstätte kleinere Bau- und Umgestaltungsmaßnahmen statt.

30 Synthesewerk Schwarzheide/ Industriegebiet

Erbaut 1935/36

Schipkauer Straße 1
01986 Schwarzheide

Im September 1934 verpflichtete Reichswirtschaftsminister Hjalmar Schacht mehrere Industrieunternehmen zur gemeinschaftlichen Produktion von synthetischem Benzin. Die daraufhin gegründete Braunkohle-Benzin AG (BRABAG) bezog ihren Hauptsitz in Berlin und ließ an vier Standorten in der Nähe der Braunkohleregionen Deutschlands entsprechende Produktionsstätten errichten.

Bei Schwarzheide entstand ab 1935 eines dieser BRABAG-Synthesewerke, das im Fischer-Tropsch-Verfahren Braunkohle in leichtes Benzin umwandelte. Durch die Produktion von synthetischem Benzin konnte eine gewisse Unabhängigkeit von erdölbasierten Kraftstoffen erreicht werden.

Bereits unmittelbar nach Kriegsausbruch 1939 wurden Kriegsgefangene aus verschiedenen Stammlagern im Werk zur Zwangsarbeit eingesetzt. Nachdem die Fabrik ab 1944 zum Ziel von alliierten Luftangriffen geworden war, entstand auf dem Werksgelände für 1000 Personen ein weiteres Außenlager des KZ Sachsenhausen (s. S. 22). Die Häftlinge wurden zu Aufräumarbeiten, aber auch bei zum Teil lebensgefährlichen Arbeiten in der Produktion eingesetzt; knapp 80 Prozent von ihnen kamen ums Leben. Im April 1945 wurde das Lager evakuiert und die Insassen auf einen Todesmarsch in Richtung Theresienstadt getrieben.

Nach dem Ende des Zweiten Weltkrieges wurden die Produktionseinrichtun-

Zwangsarbeiter (?) im BRABAG-Werk Schwarzheide

gen fast vollständig demontiert, doch später als VEB Synthesewerk Schwarzheide »Walter Ulbricht« wieder aufgebaut, das heute ein noch produzierendes Chemie-Unternehmen ist, das zum BASF-Konzern gehört.

Seit 1965 erinnert ein Denkmal an der ehemaligen Hauptzufahrt des Industriestandortes, dem heutigen Tor 2, an die Opfer des KZ-Außenlagers. In unmittelbarer Nähe des ehemaligen Zwangsarbeiterlagers in Höhe des heutigen Tor 4 wurde vor wenigen Jahren ein weitere Erinnerungstafel angebracht. Nicht weit davon entfernt befinden sich zwei Zeugnisse aus der NS-Zeit: ein Einmann-Bunker der einstigen Wachmannschaften und ein Hinweisschild auf die damals geplante Gaskammer.

Ein Besucherzentrum der BASF-Werke in der Nähe von Tor 2 informiert seit einigen Jahren über die Geschichte des Standortes.

31 Geburtshaus Joachim Gottschalk

Joachim-Gottschalk-Straße 34
03205 Calau

Nach dem Abitur ging der 1904 in Calau geborene Joachim Gottschalk vier Jahre zur Marine und nahm anschließend Schauspielunterricht in Cottbus und Berlin. 1930 heiratete Gottschalk die damals beliebte Schauspielerin Meta Wolff.

Synthesewerk Schwarzheide, 1940

Erinnerungsstätte vor dem Geburtshaus von Joachim Gottschalk

Nach dem Machtantritt der Nationalsozialisten wurde Meta Wolff, da sie Jüdin war, mit einem Auftrittsverbot belegt. Gottschalk durfte wegen dieser Ehe nur mit einer jederzeit widerrufbaren Sondergenehmigung des Propagandaministeriums weiterarbeiten, etablierte sich aber in den folgenden Jahren trotzdem als erfolgreicher Bühnen- und Filmschauspieler in der Reichshauptstadt. 1941, bei der Premiere eines Filmes, in dem Gottschalk mitspielte, war zufällig Propagandaminister Joseph Goebbels zugegen und küsste allen anwesenden Damen die Hand, so auch Meta Wolff. Goebbels war außer sich, als er später erfuhr, dass er eine Jüdin geküsst hatte. Daraufhin wies er persönlich die Deportation Meta Wolffs und ihres Sohnes Michael an. Joachim Gottschalk, der zuvor schon mehrfach zur Scheidung gedrängt worden war, sollte sich von seiner Familie lossagen. Doch er beantragte, gleichfalls deportiert zu werden, was abgelehnt wurde. So sah die Familie Gottschalk keinen anderen Ausweg, als am 6. November 1941 gemeinsam in den Freitod zu gehen. Als Joseph Goebbels vom Tod Gottschalks erfuhr, ordnete er an: »Über den Schauspieler Gottschalk soll in Wort und Bild nichts mehr gebracht werden.« Da sich die Nachricht dennoch in Berliner Theaterkreisen herumsprach, nahmen einige wenige Bekannte bei der Beerdigung stillen Abschied von der Familie.
Vor Gottschalks Geburtshaus in der nach ihm benannten Straße in Calau erinnert heute ein Denkmal an die von den Nationalsozialisten tyrannisierte und schließlich in den Tod getriebene Familie.

32 Schloss Lübbenau

Erbaut 1817–39
Schlossbezirk 6
03222 Lübbenau

Neben dem Schloss Neuhardenberg (s. S. 50) wurde von der Widerstandsgruppe um Claus Schenk Graf von Stauffenberg auch das Schloss Lübbenau für geheime Treffen genutzt. Der Schlossherr und Wehrmachtsangehörige Wilhelm Graf zu Lynar stand bereits in den 30er Jahren dem Nationalsozialismus skeptisch gegenüber. Als Reserveoffizier war er dem Panzerregiment 6 in Neuruppin (s. S. 11) zugeordnet und wurde mit Ausbruch des Krieges Adjutant des Generalfeldmarschalls Erwin von Witzleben. Über ihn erfolgte der Kontakt zur Widerstandsgruppe um Stauffenberg.
Nach dem gescheiterten Attentat auf Hitler am 20. Juli 1944 wurde Lynar als Mitverschwörer am 29. September 1944 durch den Volksgerichtshof zum

Schloss Lübbenau

Tode verurteilt. Nur wenige Stunden später wurde er in Berlin-Plötzensee hingerichtet. Das Schloss wurde 1944 enteignet und nach 1945 zuerst als Kranken- und Kinderheim, später als Schulungszentrum des DDR-Ministeriums für Binnenhandel genutzt.
Das Anwesen befindet sich heute wieder in Familienbesitz derer zu Lynar, die in den historischen Gemäuern ein Wellness-Hotel betreiben. Eine Gedenktafel erinnert seit dem Sommer 1989 an die Beteiligung des Grafen am gescheiterten Attentat vom 20. Juli 1944.

33 Haftanstalt Luckau / Kreisarchiv

Karl-Liebknecht-Straße 1
15926 Luckau

Das aus dem 13. Jahrhundert stammende Dominikanerkloster in Luckau wurde Mitte des 18. Jahrhunderts in eine Haftanstalt umgewandelt, in der später, während des Ersten Weltkrieges, auch der Sozialist Karl Liebknecht wegen seiner Antikriegshaltung eingesperrt war. Zwischen 1933 und 1945 nutzten die Nationalsozialisten die Anstalt als Gefängnis und Folterort, in dem bis zu 1000 Personen gleichzeitig inhaftiert waren, der Großteil von ihnen politische Gefangene. So auch die Widerstandskämpfer Robert Uhrig (s. S. 60) und Wolfgang Abendroth.
Dem Juristen und Sozialdemokraten Abendroth hatten die Nationalsozialisten schon 1933 Berufsverbot erteilt. Er engagierte sich in verschiedenen Widerstandsgruppen und promovierte 1935 über Völkerrecht an der Universität in Bern. Als seine NS-kritische Disseration in einem Breslauer Verlag erschein, wurde sie von der Gestapo beschlagnahmt und Abendbroth 1937 zu einer Zuchthausstrafe verurteilt.
Als »Bewährungssoldat« wurde Abendroth 1943 schließlich zur Strafdivision 999 eingezogen. Dieser Großverband der Wehrmacht war im Herbst 1942 aufgestellt worden, um sogenannte wehrunwürdige Personen – beispielsweise Zuchthausinsassen, die vom Wehrdienst bisher ausgeschlossen waren – zum Kriegsdienst heranzuziehen. Knapp 30 000 Gefangene wurden so zu Soldaten. Doch das Konzept der Nationalsozialisten ging nicht auf, da teilweise ganze Einheiten der Strafdivision zum Gegner überliefen oder sich lokalen Widerstandsgruppen anschlossen.
Das Gefängnis in Luckau wurde bis 2005 als Haftanstalt genutzt, von 2009

Ehemalige Haftanstalt Luckau

bis 2011 komplett saniert, umgebaut und bietet nun dem Kreisarchiv ein neues Quartier. Eine Gefängniszelle wurde als »Zeitkapsel« konserviert und erinnert so an die knapp 250-jährige Nutzung des Gebäudes als Haftanstalt.

34 KZ-Außenlager Lieberose-Jamlitz / Dokumentationsstätte KZ-Außenlager Lieberose

Genutzt 1943–45
Kiefernweg
15868 Lieberose
Öffnungszeiten Dokumentenhaus:
Mai–Sept: So 10–12 Uhr
www.die-lager-jamlitz.de

Für die im Winter 1942/43 beschlossene personelle Aufstockung der Waffen-SS um 100 000 Mann mussten vorhandene Ausbildungseinrichtungen und Unterkünfte erweitert bzw. neu geschaffen werden. Östlich von Lieberose entstand aus diesem Grund der knapp 40 000 Hektar große Truppenübungsplatz »Kurmark«, für den Bewohner von 17 Dörfern umgesiedelt werden mussten.
Zu den Bauarbeiten wurden im Herbst 1943 Häftlinge aus dem KZ Sachsenhausen (s. S. 22) herbeigeschafft, für die am östlichen Ende des Dorfes Jamlitz ein Lager mit 18 Unterkunftsbaracken errichtet wurde. Später folgten weitere Häftlinge, vorrangig Juden, aus den Konzentrationslagern Groß-Rosen und Auschwitz-Birkenau. Insgesamt mussten etwa 10 000 Personen beim Bau des Truppenübungsplatzes Zwangsarbeit leisten. Vor der nahenden Roten Armee wurden die Inhaftierten kurz vor Kriegsende teils zu Fuß in das mehr als 100 Kilometer entfernte Konzentrationslager Sachsenhausen getrieben. Auf dem Weg dorthin, aber auch bei dem ausbeuterischen Arbeitseinsatz

Informationstafeln über das ehemalige KZ-Außenlager Lieberose-Jamlitz

Reste einer Baracke des ehemaligen KZ-Außenlagers Lieberose-Jamlitz

und wegen der mangelnden Versorgung in Jamlitz verloren unzählige Häftlinge ihr Leben.

Ab Herbst 1945 wurde das Barackenlager als Speziallager Nr. 6 der Sowjetischen Militäradministration weitergeführt, in dem NSDAP-Mitglieder, Angehörige von NS-Organisationen, aber auch willkürlich aufgegriffene Personen unter erbärmlichen Umständen inhaftiert waren. Von den knapp 10 000 internierten Personen haben ungefähr ein Drittel die Haftzeit nicht überlebt. Das Speziallager wurde im April 1947 aufgelöst. Mehr als 1000 Häftlinge wurden in die Sowjetunion verschleppt, weitere Insassen auf andere Speziallager in der Sowjetischen Besatzungszone verteilt.

1973 wurde eine erste Gedenkstätte für die Häftlinge des KZ-Außenlagers eröffnet, 1982 folgte ein Dokumentenhaus, das die NS-Geschichte des Ortes aufarbeitete und der interessierten Öffentlichkeit zugänglich machte. Nach der Deutschen Einheit begann man sich auch mit dem bis dahin tabuisierten Thema der sowjetischen Speziallager zu beschäftigen. 2003 wurden am nördlichen Ortsrand von Jamlitz schließlich separate Gedenk- und Informationstafeln errichtet, die an das KZ-Außenlager bzw. an das sowjetische Speziallager erinnern.

35 Jüdisches Jugend- und Pflegeheim Wolzig / Alten- und Pflegeheim

Eröffnet 1929

Spreenhagener Straße 1
15754 Heidesee OT Wolzig

Der Terror gegen die jüdische Bevölkerung in Deutschland wurde spätestens im November 1938 mit der Reichspogromnacht unübersehbar, als die Nazis im ganzen Reich Überfälle auf Synagogen, jüdische Geschäfte und Einrichtungen organisierten. Doch schon seit ihrer Machtübernahme 1933 hatte es immer wieder Diskriminierungen, Schikanen und gewalttätige Übergriffe gegen Juden gegeben. Das betraf auch das 1929 errichtete jüdische Jugend- und Pflegeheim in Wolzig, in dem straffällig gewordene Jugendliche resozialisiert wurden.

Am 7. Juni 1933 überfielen Mitglieder der SA die Einrichtung und verschleppten 40 Jugendliche und fünf Erzieher zuerst in eine Folter- und Haftstätte der SA in Berlin und später in das KZ Oranienburg (s. S. 18). Zuvor eigens von SA-Leuten im Heim versteckte Waffen und illegale Schriften dienten als Vorwand und Rechtfertigung der Inhaftierung. Das Haus wurde beschlagnahmt und anschließend von verschiedenen NS-Organisationen genutzt.

Nach dem Ende des Zweiten Weltkrie-

Ehemaliges jüdisches Jugend- und Pflegeheim Wolzig

ges brachte man in diesem Gebäude zunächst Flüchtlinge aus den evakuierten Ostgebieten unter, bevor es 1948 zum Alters- und Pflegeheim umgebaut wurde. Als solches wird es noch heute betrieben.

36 Schulungslager der Reichspost/ abgerissen

Erbaut 1935–37
Schütte-Lanz-Straße 4
15711 Königs Wusterhausen
OT Zeesen

Neben der Reichspostforschungsanstalt in Kleinmachnow (s. S. 68) entstand südlich von Königs Wusterhausen in Zeesen ein Schulungslager der Reichspost. Der H-förmige Gebäudekomplex wurde von Reichspostminister Wilhelm Ohnesorge als »unsere Ordensburg« bezeichnet.
In unmittelbarer Nähe errichtete man 1941 einen 40 Meter breiten und 10 Meter langen oberirdischen Bunker für den Reichspostminister und seinen Stab. In dem dreietagigen Bauwerk fanden bei alliierten Bombardements bis zu 300 Personen Schutz. Mit den zunehmenden Luftangriffen auf Berlin verlegte auch die »Gruppe Reichsverteidigung« des Reichspostministeriums ihren Sitz nach Zeesen, da der Ort direkt an einem Fernmeldeknoten lag und

Hochbunker des Reichspostministeriums bei Zeesen

Im Sommer 2012 eröffnet der neue Flughafen Berlin-Brandenburg.

parallel dazu auf Funk- und Sendesysteme in und um Königs Wusterhausen zurückgegriffen werden konnte.
Der Bunker ist heute eine verlassene Ruine im Wald; das ehemalige Schulungslager, das von der Sowjetarmee lange Zeit als Lazarett betrieben worden war, ist inzwischen abgerissen.
Der Bunker wurde zu DDR-Zeiten als Führungsstelle ausgebaut. Direkt angrenzend befinden sich auch die Überreste der Progress-Werke, in denen Militärtechnik instand gesetzt wurde.

37 Sporthaus Ziegenhals / Ernst-Thälmann-Gedenkstätte / abgerissen
Seestraße 27
15751 Königs Wusterhausen
OT Niederlehme

Im Sporthaus Ziegenhals in Niederlehme fand am 7. Februar 1933 die letzte öffentliche Tagung der Kommunistischen Partei Deutschlands (KPD) statt. Neben Ernst Thälmann waren auch andere prominente Parteimitglieder wie Wilhelm Pieck und Walter Ulbricht anwesend. Thälmann, der 1925 zum Vorsitzenden der KPD gewählt worden war, wurde nur wenige Tage nach dieser Veranstaltung am 3. März 1933 in Berlin verhaftet.
Am 18. August 1944 wurde Ernst Thälmann im Konzentrationslager Buchenwald, nach elfeinhalbjähriger Haft in verschiedenen Lagern und Gefängnissen, von SS-Leuten auf persönlichen Befehl Hitlers umgebracht.
Am 7. Februar 1953 weihten führende Politiker der DDR, unter ihnen Wilhelm Pieck, Walter Ulbricht und Otto Grotewohl, am historischen Ort in Niederlehme offiziell eine Thälmann-Gedenkstätte ein. Bis 1989 wurde sie von Delegationen der Pionierorganisation und der Freien Deutschen Jugend (FDJ)

Schulungsheim der Deutschen Reichspost in Zeesen, um 1937

regelmäßig besucht und für Feierlichkeiten genutzt.
Nach der Deutschen Einheit wurde das Gelände 2002 an einen privaten Investor versteigert, der die Gedenkstätte im Mai 2010 abreißen ließ. Der 1990 gegründete Freundeskreis »Ernst Thälmann Gedenkstätte e.V. Ziegenhals« konnte zwar das Inventar retten, aber den Abriss nicht verhindern.

38 Flugplatz Schönefeld / Flughafen Berlin-Brandenburg

Erbaut 1934 – 37
Flughafenstr. 1
12529 Schönefeld

Der Flugplatz Schönefeld wurde ab 1934 als Werksflugplatz der Henschel Flugzeug-Werke AG (HFW) aufgebaut. In mehreren Fertigungshallen produzierte man hier ab 1936 Flugzeuge und ab 1940 auch fernsteuerbare Flugkörper und Boden-Luft-Flugabwehrraketen, zum Teil in unterirdischen Anlagen, die nach Kriegsbeginn gebaut worden waren. Insgesamt wurden in dem Werk bei Berlin bis 1945 etwa 14 000 Flugzeuge für die Wehrmacht montiert und von hier aus ausgeliefert, darunter auch mehr als die Hälfte der jemals produzierten Flugzeuge vom Typ Ju 88, einem der Standard-Kampfflugzeuge der Luftwaffe.
Ab 1944 wurden auch in diesem Rüstungsbetrieb KZ-Häftlinge eingesetzt. Bis zum Ende des Zweiten Weltkrieges wurden etwa 600 weibliche Häftlinge aus den Konzentrationslagern Ravensbrück (s. S. 26) und Sachsenhausen (s. S. 22) hierher verschleppt. Die Unterbringung erfolgte in einer Flugzeughalle auf dem Gelände des Flugplatzes, die im Sommer 1944 von männlichen Häftlingen aus Ravensbrück mit einfachsten Mitteln hergerichtet wurde. Die von

Die inzwischen abgerissene Ernst-Thälmann-Gedenkstätte in Niederlehme, 2004

einem Elektrozaun umgebene Halle wurde von der SS bewacht.
Nach dem Zweiten Weltkrieg löste man das Lager auf, demontierte die Produktionsanlagen und transportierte sie zum Teil in die Sowjetunion. Ab 1947 wurde der ehemalige Werksflugplatz in mehreren Etappen zum zivilen Zentralflugplatz der DDR ausgebaut. 1996 beschloss dann die Bundesrepublik Deutschland den Ausbau der Anlage zum neuen Großflughafen Berlin Brandenburg International.
Es bleibt zu hoffen, dass die wechselvolle Geschichte dieses Flugplatzes vor Ort angemessen dokumentiert wird.

39 Massaker in Hartmannsdorf / Gedenkstein der Opfer des 21. und 22.4.1945

Hauptstraße
15528 Spreenhagen
OT Hartmannsdorf

Mit dem Vormarsch der Roten Armee auf Berlin im Frühjahr 1945 gelangte ein kleiner sowjetischer Spähtrupp nach Hartmannsdorf, der einen größeren Truppendurchzug ankündigte. Die Bewohner des Dorfes hängten daraufhin weiße Fahnen und Bettlaken aus den Fenstern, um zu zeigen, dass aus dem Dorf keine Gefahr mehr drohe. In der Nähe von Hartmannsdorf hatte die SS ein Ausbildungslager für Jugendliche unterhalten, das kurz zuvor aufgelöst worden war. Als Angehörige der SS von den Kapitulationsabsichten der Dorfbewohner erfuhren, suchten sie in der Nacht vom 21. auf den 22. April 1945 das Dorf heim und ermordeten alle Bewohner, darunter auch Frauen und Kinder, an deren Häusern weiße Fahnen angebracht waren. 16 Menschen – nach anderen Angaben waren es 22 – wurden so noch kurz vor Kriegsende sinnlos umgebracht.
Seit 1975 erinnert ein Gedenkstein an die Opfer des Massakers im April 1945.

40 KZ-Außenlager Ketschendorf-Bad Saarow / Bunkeranlage »Fuchsbau«

Erbaut 1942
Akazienweg
15517 Fürstenwalde/Spree
Führungen nach Anmeldung möglich
www.bunkeranlage-fuchsbau.de

Am Ende des Akazienweges in Fürstenwalde befand sich linker Hand von 1942 bis April 1945 das KZ-Außenlager Ketschendorf. Als Außenlager des Konzentrationslagers Sachsenhausen (s. S. 22) errichtet, wurden etwa 100 Häftlinge ab 1942 in umliegenden Rüstungsbetrieben, wie zum Beispiel in den SS-eigenen Deutschen Ausrüstungswerken (DAW), zur Zwangsarbeit eingesetzt.

Gedenkstein für die Opfer des Massakers von Hartmannsdorf

Technische Schaltzentrale im Bunker »Fuchsbau«

Bereits wenige Monate nach Errichtung des Lagers wurde es für eine zehnfache Belegung erweitert, und die mehr als 1000 Inhaftierten verschiedener Nationen mussten in unterschiedlichen Unternehmen und Bauprojekten in der Umgebung Zwangsarbeit leisten. So auch beim Bau des Nachrichtenbunkers der SS in den Rauener Bergen.

In dem ehemaligen Braunkohlegebiet entstand ein komplexes Bunkersystem mit dem Decknamen »Fuchsbau« als Nachrichtenknoten für ein SS-eigenes Fernmeldesystem. Mit dem Vormarsch der Roten Armee auf Berlin wurde die Bunkeranlage verlassen, und die eingesperrten Personen des Außenlagers wurden in das KZ Sachsenhausen zurückgebracht.

Anfang der 70er Jahre wurde die Bunkeranlage für die Nationale Volksarmee zum zentralen Gefechtsstand ihrer Luftstreitkräfte ausgebaut und mit einem unterirdischen atombombensicheren Neubau versehen. In einem Führungssaal konnte die aktuelle Luftlage über dem Territorium der DDR auf Leinwänden dargestellt werden.

Am Ort des ehemaligen Außenlagers erinnert ein Gedenkstein samt Informationstafel an die Nutzung in der NS-Zeit. Heute stehen das Bunkersystem sowie der Neubau für die NVA unter Denkmalschutz.

Gedenkstein für die Opfer des KZ Außenlagers Ketschendorf

Gedenkstein für die Widerstandskämpfer Lotte und Erich Garske in Limsdorf

41 Widerstandsdenkmal Limsdorf

Errichtet 1944

Am Springsee 1

15859 Storkow OT Limsdorf

Den Zeltplatz am Springsee besuchten Erich und Charlotte Garske des Öfteren. Das regimekritische Ehepaar aus Berlin-Wedding agierte als Kurier für verschiedene Widerstandsgruppen, entwarf illegale Flugblätter und Zeitschriften und versteckte in seiner Wohnung Kommunisten, so auch das KPD-Mitglied Wilhelm Knöchel.

Knöchel war Kandidat des Zentralkomitees der Exil-KPD in Moskau und baute ab 1936 verschiedene Widerstandsgruppen im Deutschen Reich auf. Das Versteck wurde jedoch verraten, und so verhaftete die Gestapo Knöchel und die Garskes im Januar 1943. Wilhelm Knöchel wurde vom Volksgerichtshof in Berlin zum Tode verurteilt und am 24. Juli 1943 im Zuchthaus Brandenburg-Görden (s. S. 59) hingerichtet. Das Ehepaar Garske erlitt das gleiche Schicksal in der Haftanstalt Berlin-Plötzensee im Dezember 1943.

Bereits 1944 stellten Freunde des Ehepaars oberhalb einer Schlucht am Springsee in der Nähe eines Volleyballplatzes einen Gedenkstein auf, einen einfachen Feldstein mit der Inschrift: »Zum Gedenken an Lotte und Erich Garske«. Ein solch frühes Widerstandsdenkmal ist einzigartig in Brandenburg; es steht heute unter Denkmalschutz.

42 Alternative Regattastrecke der Olympischen Sommerspiele 1936

Erbaut 1934/35

Nördliches Ende des Brieskower Sees

15295 Brieskow-Finkenheerd

Bereits in den 20er Jahren wurden auf dem Brieskower See Ruderwettkämpfe ausgetragen. Für die Olympischen Sommerspiele 1936 baute man die Sportstätte als alternative Regattastrecke aus, falls die geplanten neuen Anlagen in Berlin-Grünau nicht fertig werden sollten. Neben einem Beobachtungsturm und einem Bootshaus errichtete man auch eine Tribüne für bis zu 1000 Zuschauer. Für die Sommerspiele wurden sie nicht mehr gebraucht, da die Regattastrecke in Grünau rechtzeitig einsatzbereit war und fast zehn Mal so vielen Zuschauern Platz bot.

Die Leichtathletikwettbewerbe fanden auf dem Maifeld und im Olympiastadion in Berlin statt, die Segelregatten in Kiel, der moderne Fünfkampf im Golf- und Landclub Wannsee und die Turnwettbewerbe in der Berliner Waldbühne. Als Unterbringung für alle Sportler diente das Olympische Dorf (s. S. 12) in Elstal bei Berlin.

Kampfrichterturm und Boothaus der Regattastrecke bei Brieskow-Finkenheerd

Noch heute erinnern am nördlichen Ende des Brieskower Sees der alte Kampfrichterturm, ein Boothaus und die Reste der Tribünenanlage an die einstmals geplante Nutzung für die Olympischen Spiele.

43 **Kraftwerk Fürstenberg / Ruine**

Erbaut 1943–45
Buchwaldstraße
15890 Eisenhüttenstadt (Fürstenberg)

Da die forcierte Kriegswirtschaft einen steigenden Energiebedarf bedingte, beschloss Albert Speer in seiner Funktion als Generalinspektor für Wasser und Energie 1942 im Rahmen des »Wärmekraft-Sofortprogramms« den Bau von standardisierten Großkraftwerken mit einer Leistung von jeweils 300 Megawatt. In der ersten Bauphase sollten reichsweit fünf Kraftwerke entstehen, eines davon in Fürstenberg (Oder). Als Eigentümer und Betreiber wurde die 1909 gegründete Märkische Elektrizitätswerke AG (MEW) mit dem Bau des Braunkohle-Kraftwerkes beauftragt. Die Baumaßnahmen begannen im April 1943 an der Oder. Bei den Arbeiten wurden Häftlinge des nahegelegenen Stalag III B (s. S. 104) und aus dem Konzentrationslager Sachsenhausen (s. S. 22) eingesetzt. Als die Rote Armee im Febrauer 1945 Oder und Neiße

Ruine des ehemaligen Kraftwerks Fürstenberg an der Oder

überquerte, stand das Kraftwerk kurz vor seiner Fertigstellung. Die technischen Einrichtungen wurden von der sowjetischen Besatzungsmacht dann fast vollständig demontiert.
Der verbliebene Koloss aus Stahlbeton diente nach dem Zweiten Weltkrieg der lokalen Bevölkerung als illegaler »Steinbruch« bei der Versorgung mit Baumaterialien. Ab den 70er Jahren wurde die Ruine regelmäßig als Ausbildungseinrichtung des Zivil- und Katastrophenschutzes der DDR und von der Jugend als Abenteuerspielplatz benutzt. 2010 verkaufte das Land Brandenburg die Ruine an ein Unternehmen.

44 Stammlager (Stalag) III B/ Gedenksteine

Erbaut 1939/40
Oderlandstraße
15890 Eisenhüttenstadt (Fürstenberg)

Polnische Kriegsgefangene mussten 1939/40 ein Arbeitslager in unmittelbarer Nähe von verschiedenen Großbetrieben am nördlichen Stadtrand von Fürstenberg (Oder) – heute Eisenhüttenstadt – errichten. Die Lagerkapazität des Stammlagers (Stalag) III B sah eine maximale Belegung mit 10 000 Personen in 43 Baracken vor, die im Verlauf des Krieges aber weit überschritten wurde.
Bis 1945 waren hier insgesamt knapp 100 000 Personen aus verschiedenen Nationen inhaftiert, die in Arbeitskommandos in den Rüstungs- und Industrieunternehmen, aber auch beim Aufbau des MEW Kraftwerks Fürstenberg (Oder) (s. S. 103) und des neuen Umschlaghafens in der Innenstadt Zwangsarbeit leisten mussten.
Bis Kriegsende sind mehrere tausend Personen an den Haftbedingungen gestorben. Dabei gab es bei der Behandlung der Gefangenen aus unterschiedlichen Nationen enorme Unterschiede. Die höchste Sterblichkeit war im sogenannten Russenlager zu verzeichnen. Die Amerikaner erhielten eine zusätzliche Versorgung durch das Internationale Rote Kreuz, und Franzosen konnten gar teilweise beurlaubt werden.
Das Lager wurde nach dem Zweiten Weltkrieg abgerissen. Bereits 1951 weihte man in der Innenstadt am »Platz des Gedenkens« ein sowjetisches Ehrenmal ein, das aus Granitblöcken des Lagerplatzes am Hafen (s. S. 105) errichtet wurde und in dem 4109 verstorbene Kriegsgefangene und Zwangsarbeiter aus verschiedenen Massengräbern der Umgebung ihre letzte Ruhestätte fanden. 2011 wurden zudem am Standort des ehemaligen Lagers im heutigen Industrie- und Gewerbegebiet zwei Gedenksteine aufgestellt.

Eingang zum Stalag III B, ca. 1945

Luftbild der deutschen Luftwaffe vom Stalag III B (unten links) und dem Natursteinlagerplatz am Hafenbecken (Mitte), 7. April 1945

45 Natursteinlagerplatz Fürstenberg (Oder) / Hafenbetriebsgesellschaft Eisenhüttenstadt

Glashüttenstraße 44
15890 Eisenhüttenstadt (Fürstenberg)

Ab 1941 wurde ein neuer Hafen im damaligen Fürstenberg (Oder) – dem heutigen Eisenhüttenstadt – im Auftrag des Generalbauinspektors für Berlin, Albert Speer, gebaut. Die Hafenanlage sollte zum Umschlag von Baumaterialien dienen, wie zum Beispiel von Granitblöcken aus Skandinavien oder Schlesien, die Speer für den Aufbau seines größenwahnsinnigen Germania-Projektes brauchte. Ein Weitertransport nach Berlin wäre von hier aus per Eisenbahn oder auf kleineren Wasserstraßen möglich gewesen. Dazu kam es nicht mehr, da die Umgestaltungspläne der Reichshauptstadt kriegsbedingt eingestellt wurden. Dennoch wurde das Hafenbecken im Mai 1943 fertiggestellt und durch die Flutung für die Schifffahrt nutzbar gemacht. Bei den Baumaßnahmen wurden auch Häftlinge aus dem Stammlager (Stalag) III B (s. S. 104) eingesetzt.

Bis zu 10 000 Kubikmeter Natursteine waren im Mai 1943 angeliefert und am Nordkai durchnummeriert aufgestapelt worden. Nach dem Krieg wurde der Großteil der Granitblöcke in die Sowjet-

Erinnerungsstätte an das Stalag III B, aus Granitblöcken vom ehemaligen Natursteinlager

union abtransportiert. Andere fanden Verwendung als Grabsteine oder beim Bau von Denkmälern, wie zum Beispiel in der Gedenkstätte Seelower Höhen (s. S. 51), beim zentralen sowjetischen Ehrenmal im Berliner Treptower Park oder beim Ehrenmal in Eisenhüttenstadt (s. S. 104).
Noch heute lassen sich in Eisenhüttenstadt und Umgebung an zahlreichen Stellen markante Granitblöcke finden. Vor dem Gebäude der Hafenverwaltung wurde 2008 eine Erinnerungstafel an aufgestapelten Granitsteinen zur Geschichte der Gesteinsbrocken angebracht.

46 Flugplatz Cottbus / Flugplatzmuseum Cottbus

Erbaut ab 1933
Fichtestr. 1
03046 Cottbus
Öffnungszeiten: Mrz - Okt: Di - Fr 10 - 16: Uhr, Sa/So 10 - 17 Uhr; Nov - Feb: Di - Sa 10 - 16 Uhr
www.flugplatzmuseumcottbus.de

1933 wurde am westlichen Stadtrand von Cottbus mit der Einrichtung einer Pilotenschule für Flugzeuge begonnen, die heimlich Personal für eine spätere militärische Luftstreitkraft ausbildete. Aufgrund der Bestimmungen der Versailler Verträge, in denen der Aufbau einer militärischen Luftwaffe verboten war, firmierte der Ausbildungsbetrieb auf dem Flugplatz offiziell als zivile »Fliegerübungsstelle Cottbus des Deutschen Luftsportverbandes«.
Bis 1939 entstanden auf dem Flugplatz verschiedene Flugzeug- und Werfthallen mit einem eigenen Kasernenkomplex. Ab 1941 gab es dort auch eine Zweigstelle der Bremer Focke-Wulf-Flugzeugbau AG. Etwa 4000 Personen produzierten bis 1945 mehr als 20 000 Exemplare der Fw 90, des Standardjägers der Luftwaffe.
Nach einer Nutzung durch die Rote Armee, die NVA und die Bundeswehr ist der Flugplatz heute stillgelegt. Zukünftig soll hier ein Industrie- und Gewerbepark aufgebaut werden. Ein Luftfahrtmuseum am südlichen Rand des Flugplatzes dokumentiert seit einigen Jahren die Geschichte des Areals und präsentiert eine umfangreiche Sammlung von Fluggeräten.

47 Synagoge Cottbus / Gedenktafel

Erbaut 1901/02
Karl-Liebknecht-Straße 132
03046 Cottbus

Am Standort des heutigen Kaufhauses in der Karl-Liebknecht-Straße 132 wurde am 16. September 1902 eine neue Synagoge für 300 Personen eingeweiht.

Ehemalige Flugleitung des Flugplatzes Cottbus

Synagoge in Cottbus; Postkarte von 1912

Nach der Machtübernahme der Nationalsozialisten verließen zwar einige Juden die Stadt und das Deutsche Reich, aber die Mitgliederzahl der jüdischen Gemeinde stieg bis Frühjahr 1937 durch den Zuzug von Juden aus ländlichen Gegenden auf etwa 500 Personen an. Bereits im Oktober 1938 wurden polnische Juden in Cottbus festgenommen und über die Grenze abgeschoben. Wer von den jüdischen Bürgern es bewerkstelligen konnte, wanderte aus. Einen Monat später wurde in der Reichspogromnacht die prachtvolle Synagoge von Mitgliedern der Cottbuser SA geschändet und angezündet. Die Ruine der Synagoge musste auf Kosten der jüdischen Gemeinde vollständig abgetragen werden. Die verbliebenen Juden wurden in mehreren Etappen aus Cottbus in verschiedene Konzentrations- und Vernichtunglager in Osteuropa deportiert. Im Mai 1945 lebten gerade noch zwölf Juden in Cottbus, die versteckt oder unter dem Schutz einer sogenannten Mischehe das NS-Regime überlebten.

Erst 1988 wurde, relativ versteckt am Personaleingang eines Kaufhauses, das sich am einstigen Standort der Synagoge befindet, eine Gedenktafel angebracht. Zehn Jahre später weihte man auf Initiative der Deutsch-Israelischen Gesellschaft eine neue Tafel an einem sichtbareren Ort ein, an einer Mauer auf dem Platz zwischen dem Verwaltungsgebäude der Cottbuser Stadtwerke und dem Kaufhaus.

ABBILDUNGSNACHWEIS

Alle aktuellen Fotos stammen, sofern nicht anders ausgewiesen, vom Autor.
Sven Kaden: S. 98/99 o.
Norbert Lübke: S. 84 o.
Klaus Mebus: S. 89 u., 91
Ralf Roletschek/Wikipedia: S. 66 u.

Archiv Berliner Geschichtswerkstatt e.V.: S. 12
Archiv des Autors: S. 71, 82 o.
Archiv Initiativgruppe Lager Mühlberg e.V.: S. 90
Bildarchiv Preußischer Kulturbesitz: S. 59, 87, 98 u., 107 o.
Bundesarchiv: S. 2 (183-J0409-0301-001/Horst Sturm), 3 o. (102-15607-/Georg Pahl), 7 o. (146-1981-053-35A), 13 o. (183-G00234), 14 (183-H25864), 15 o. (102-17043/Georg Pahl), 19 u. (183-K1123-506), 20 (146-1981-003-08), 23 o. (183-78612-0002), 23 m. (183-78612-0003), 24 (183-78612-0005), 29 (146-2010-0064), 41 (183-H14239), 47 u. (146-1971-033-33), 65 u (102-03646/Georg Pahl), 75 o. (183-49658-0006/Mikatsch), 75 u. (183-R67561), 80 o. (183-S21420), 82 m. (183-2006-1023-502)
Bundeswehr/PIZ EFK: S. 70
Gedenkstätte Deutscher Widerstand: S. 30 u., 60
Herder-Institut, Marburg: S. 105 o.
Kreisarchiv Barnim: S. 33
Mahn-und Gedenkstätte Ravensbrück: S. 26/27 o., 27 u.
Museum im Mönchenkloster, Jüterbog: S. 88
Sammlung Zillmann, Eisenhüttenstadt: S. 104
Stadt Eberswalde, Museum in der Adler-Apotheke: S. 34
Stadtarchiv Dominikanerkloster Prenzlau: S. 30 o.
Stadtarchiv Frankfurt (Oder): S. 53 o.r., 54 o.
The Heartfield Community of Heirs/VG Bild-Kunst, Bonn 2012: S. 49
Ullstein-Bilderdienst: S. 3 u., 10 m., 31, 32 o., 39, 42, 43, 50 o., 58, 65 m., 76
Unternehmensarchiv BASF Schwarzheide GmbH: S. 92
Wikipedia Commons: S. 15 (Lienhard Schulz), 50 u. (Jürgen Schuschke), 74 (Karsten11), 99 u. (Dawei)

Architektur und Bauplastik der Gegenwart, Berlin 1938: S. 19 o.
Deutschland baut. Bauten und Bauvorhaben, Bd. 2, München 1939: S. 72
Die Kunst im Dritten Reich, 3/1939: S. 55 u.
Kaelter, Robert: Geschichte der jüdischen Gemeinde zu Potsdam, Potsdam 1903: S. 73 u.

LITERATUR

Agde, Günter: **Carl-Hans Graf von Hardenberg. Ein deutsches Schicksal im Widerstand,** Berlin 2004.
Berkholz, Stefan: **Goebbels' Waldhof am Bogensee. Vom Liebesnest zur DDR-Propagandastätte,** Berlin 2004.
Berliner Geschichtswerkstatt (Hg.): **Arbeitserziehungslager Fehrbellin. Zwangsarbeiterinnen im Straflager der Gestapo,** Berlin 2004.
Bundeszentrale für politische Bildung (Hg.): **Gedenkstätten für die Opfer des Nationalsozialismus. Eine Dokumentation, Bd. 1,** Bonn 2000.
Diekmann, Irene/Schoeps, Julius H.: **Wegweiser durch das jüdische Brandenburg,** Berlin 1995.
Eichholtz, Dietrich: **Brandenburg in der NS-Zeit. Studien und Dokumente,** Berlin 1993.
Endlich, Stefanie: **Wege der Erinnerung. Gedenkstätten und -orte für die Opfer des Nationalsozialismus in Berlin und Brandenburg,** Berlin 2007.
Faensen, Hubert: **Hightech für Hitler. Die Hakeburg: Vom Forschungszentrum zur Kaderschmiede,** Berlin 2001.
Hoffmann, Gerhard: **Antifaschistischer Widerstand in Frankfurt (Oder) und Umgebung,** Schkeuditz 1999.
Hofmann, Heini: **Geheimobjekt »Seewerk«. Vom Geheimobjekt des Dritten**

Reiches zum wichtigsten Geheimobjekt des Warschauer Vertrages, Zella-Mehlis 2008.
Institut für Denkmalpflege in der DDR: **Gedenkstätten,** Leipzig 1974.
Kaiser, Gerhard/Herrmann, Bernd: **Vom Sperrgebiet zur Waldstadt. Die Geschichte der geheimen Kommandozentralen in Wünsdorf und Umgebung,** 5. Aufl., Berlin 2010.
Knopf, Volker/Martens, Stefan: **Görings Reich. Selbstinszenierungen in Carinhall,** 5. Aufl., Berlin 2009.
Lilienthal, Georg: **Der Lebensborn e.V. Ein Instrument nationalsozialistischer Rassenpolitik,** Frankfurt am Main 2008.
Meyer, Winfried/Neitmann, Klaus: **Zwangsarbeit während der NS-Zeit in Berlin und Brandenburg. Formen, Funktion, Rezeption,** Potsdam 2011.
Richter, Hans J./Holz, Wolf-Dieter: **Deckname »Koralle«. Chronik der zentralen Marine-Funkleitstelle für U-Boot-Operationen im Zweiten Weltkrieg,** Zella-Mehlis 2005.
Weihsmann, Helmut: **Bauen unterm Hakenkreuz. Architektur des Untergangs,** Wien 1998.
Zapf, Jürgen: **Flugplätze der Luftwaffe 1934–1945,** Zweibrücken 2001.

MARTIN KAULE

Jahrgang 1979; 1999–2001 Studium zum Informatik-Betriebswirt an der Verwaltungs- und Wirtschaftsakademie Berlin; seit 2001 Fotodokumentation von »Orten der Zeitgeschichte«; seit 2005 Organisation von Exkursionen sowie Studien- und Forschungsreisen durch ganz Europa; seit 2008 Mitarbeiter im Ch. Links Verlag, zuständig für digitale Projekte.
Im Ch. Links Verlag sind erschienen: »Ostseeküste 1933–1945. Der historische Reiseführer« (3. akt. und erw. Aufl., 2011); »Nordseeküste 1933–1945. Der historische Reiseführer« (2011).

DANK

Ich bedanke mich bei Dr. Andrea Riedle, die große Teile des Manuskripts kritisch gegengelesen und mir wertvolle Hinweise gegeben hat. Dank auch den zahlreichen Mitarbeiterinnen und Mitarbeitern der Stadt- und Kreisarchive, Museen und Gedenkstätten, die mich bei der Recherche und der Bereitstellung von Fotomaterialien unterstützten. Auch meinen Kolleginnen und Kollegen im Ch. Links Verlag, insbesondere meinem Lektor Dr. Stephan Lahrem, einen herzlichen Dank für die professionelle Unterstützung.
Ohne die Rücksicht und das Verständnis meiner Familie, insbesondere meiner Frau Katja, wäre dieses Buch nicht entstanden. Auch dafür einen herzlichen Dank.

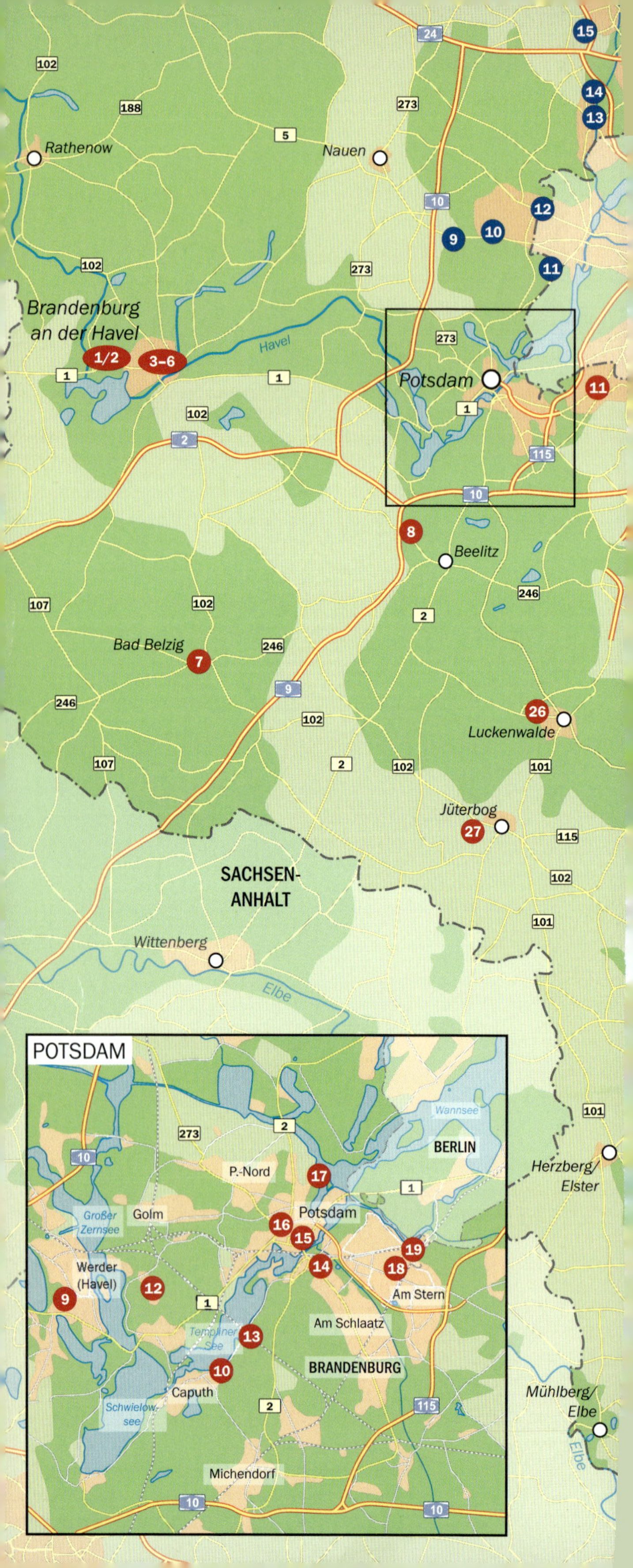

Rathenow
Nauen
Brandenburg an der Havel
Havel
1/2
3–6
Potsdam
Beelitz
Bad Belzig
Luckenwalde
Jüterbog
SACHSEN-ANHALT
Wittenberg
Elbe
Herzberg/ Elster
Mühlberg/ Elbe
1
2
7
8
9
10
11
12
13
14
15
26
27
24
102
188
273
5
246
107
115
101
POTSDAM
Wannsee
BERLIN
P.-Nord
Golm
Großer Zernsee
Werder (Havel)
Am Stern
Am Schlaatz
Templiner See
Caputh
BRANDENBURG
Schwielowsee
Michendorf
16
17
18
19